国家物流与供应链系列报告

中国绿色物流发展报告(2023)

中国物流与采购联合会绿色物流分会

物资节能中心

辽宁科技大学

璞跃中国

罗戈研究

中国财富出版社有限公司

图书在版编目（CIP）数据

中国绿色物流发展报告.2023 / 中国物流与采购联合会绿色物流分会等编.—北京：中国财富出版社有限公司，2023.12

（国家物流与供应链系列报告）

ISBN 978 - 7 - 5047 - 8077 - 5

Ⅰ.①中… Ⅱ.①中… Ⅲ.①物流－绿色经济－经济发展－研究报告－中国－2023 Ⅳ.①F259.22

中国国家版本馆 CIP 数据核字（2024）第 026498 号

策划编辑 王 靖		**责任编辑** 刘 斐 陈 嘉		**版权编辑** 李 洋
责任印制 尚立业		**责任校对** 杨小静		**责任发行** 敬 东

出版发行 中国财富出版社有限公司

社 址 北京市丰台区南四环西路 188 号 5 区 20 楼		**邮政编码** 100070
电 话 010 - 52227588 转 2098（发行部）		010 - 52227588 转 321（总编室）
010 - 52227566（24 小时读者服务）		010 - 52227588 转 305（质检部）
网 址 http：//www.cfpress.com.cn		**排 版** 宝蕾元
经 销 新华书店		**印 刷** 北京九州迅驰传媒文化有限公司
书 号 ISBN 978 - 7 - 5047 - 8077 - 5/F·3719		
开 本 787mm×1092mm 1/16		**版 次** 2024 年 10 月第 1 版
印 张 11.25		**印 次** 2024 年 10 月第 1 次印刷
字 数 178 千字		**定 价** 108.00 元

《中国绿色物流发展报告（2023）》
编 委 会

编委会主任

任豪祥　中国物流与采购联合会副会长、中国物流学会会长

宋　嵘　中国外运股份有限公司总经理

刘　武　宝供物流企业集团有限公司董事长

王正刚　日日顺供应链科技股份有限公司 CEO

编委会副主任

蒋　浩　中国物流与采购联合会绿色物流分会执行副会长

高　翔　中国外运股份有限公司副总经理

徐洁平　璞跃中国首席执行官、执行董事

王厚金　华为技术有限公司物流部部长

指导专家

何明珂　北京工商大学教授

侯海云　鞍山钢铁集团有限公司副总工程师

郝　皓　上海第二工业大学教授

《中国绿色物流发展报告（2023）》
编　辑　部

主　编

赵洁玉　中国物流与采购联合会绿色物流分会副秘书长
　　　　物资节能中心绿色发展部主任

金玉然　辽宁科技大学工商管理学院副院长
　　　　辽宁科技大学低碳经济与智慧商业研究所所长

刘佳诺　璞跃中国副总裁

潘永刚　罗戈研究院长

副主编

刘　然　中国物流与采购联合会绿色物流分会秘书长
　　　　物资节能中心副主任

李灏源　中国外运股份有限公司创新研发部/可持续发展部总经理

张赛楠　辽宁科技大学低碳经济与智慧商业研究所博士

刘　哲　中国物流与采购联合会绿色物流分会评估策划部主任
　　　　物资节能中心绿色发展部副主任

崔丹丹　中国物流与采购联合会绿色物流分会综合会员部主任
　　　　物资节能中心绿色发展部项目主管

曹惠蕾　中国物流与采购联合会绿色物流分会国际合作部主任
　　　　物资节能中心绿色发展部助理工程师

编写人员

武宇亮、张庆环、王旭明	中国物流与采购联合会绿色物流分会/物资节能中心
王 煦、吴 凡	辽宁科技大学
王 灿、杨 钧、张 悦	璞跃中国
余少雯、徐榆然、唐冬子	罗戈研究
尤 赟、曾 锴、刘 旭	中国外运股份有限公司

技术支持单位

中国外运股份有限公司

华为技术有限公司

案例参编单位（按公司名首字母排序）

鞍山钢铁集团有限公司

北京福田康明斯发动机有限公司

江苏满运软件科技有限公司

京东物流股份有限公司

日日顺供应链科技股份有限公司

上海箱箱智能科技有限公司

深圳中集喜普供应链科技有限公司

深圳中集易租科技有限公司

顺丰控股股份有限公司

无限极（中国）有限公司

浙江省烟草专卖局（公司）机关工会委员会

中国外运股份有限公司

中集运载科技有限公司

前　言

气候变化是全球面临的共同挑战。为应对气候变化造成的影响，截至 2023 年 9 月，全球已有 150 多个国家和地区在《巴黎协定》框架下做出"碳中和"承诺。据统计，"碳中和"目标已覆盖了全球 80% 以上的 GDP、人口和二氧化碳排放量。为谋求零碳转型，多个国家发布"碳中和"方案，涉及了交通运输、建筑、工业、农业等领域，将碳减排行动贯穿于全球的社会经济发展中。"双碳"既是应对气候变化的抓手，也是经济发展权和规则主导权博弈的焦点，其正在加速促进产业转型升级、能源机构调整、供应链重构、技术和模式创新、市场化机制建设等，绿色已成为高质量发展的底色。

现代物流一头连着生产，另一头连着消费，高度集成并融合运输、仓储、分拨、配送、信息等服务功能，是延伸产业链、提升价值链、打造供应链的重要支撑，在构建现代流通体系、促进形成强大国内市场、推动高质量发展、建设现代化经济体系中发挥着先导性、基础性、战略性作用。现代物流的快速发展伴随着大量能源消耗和对环境的负面影响。在此背景下，绿色物流已经成为全球物流行业发展的重要趋势，也是实现可持续发展的必经之路。

编写《中国绿色物流发展报告（2023）》的初衷是通过梳理绿色物流理论和国内外市场实践，帮助物流行业企业以系统性观念指导自身绿色物流管理实践，也为客户寻求高质量的绿色物流服务提供重要参考与建议。中国物流与采购联合会绿色物流分会期待与更多志同道合的合作伙伴一起，共同推动物流与供应链领域绿色低碳的高质量发展，积极稳妥地推进"碳达峰碳中和"目标落实，进而构建地球生命共同体。

编　者

2024 年 3 月

目 录

第一章 绿色物流发展情况

第一节 "碳达峰碳中和"的顶层设计

气候问题已成为全球人类共同面临的挑战，为应对气候变化造成的影响，全球已有150多个国家和地区在《巴黎协定》框架下做出"碳中和"承诺，致力于在2050年实现"净零排放"的目标。为谋求零碳转型，多个国家发布碳中和方案，涉及了交通运输、建筑、工业、农业等领域，将碳减排行动贯穿于全球的社会经济发展中，实现全球的绿色低碳发展。2020年9月，中国明确提出2030年前实现"碳达峰"与2060年前实现"碳中和"目标。

第二节 "碳减排"法规的调节机制

为有效支撑"碳中和"政策行动，全球多个组织、国家和地区发布新的法律法规及相关标准（见表1-1），以规范企业实现"碳减排"目标。截至2023年7月，有26个国家或地区已立法。物流行业是全球贸易流通的重要支柱，任何产品转移交付的过程都离不开物流。新标准、新法规的建立与实施，标志着物流行业要全面加快绿色转型发展，为稳定全球商贸的流通与运行奠定基础。

表 1－1 部分国家和地区发布的"碳减排"相关法规

组织或国家	名称	内容	范围	实施时间
欧盟	碳边境调节机制（CBAM）	欧盟针对部分进口商品的碳排放量征收税费。要求进口至欧盟或从欧盟出口的高碳产品，需缴纳相应额度的税费或退还相应的碳排放配额	征收的行业覆盖钢铁、水泥、铝、化肥、电力及氢，主要针对生产过程中的直接排放和对水泥、电力和化肥这三个大类的间接排放（即在生产过程中使用外购电力、蒸汽、热力或冷力产生的碳排放）以及少量的下游产品	2023 年 5 月 17 日生效，2026 年 1 月 1 日开始正式实施
	欧盟新电池法规（EU）2023/1542	新增轻型交通工具电池碳足迹要求；电动汽车、轻型交通工具、工业电池碳足迹标签实施和应用时间需提前一年或半年；提高电池（含金属材料）回收率	欧盟使用的所有类别（除军事、航天、核能等特种用途外）（主要有五类）的电池，包括从非欧盟国家进口到欧盟的电池：便携式电池；启动、照明、点火电池（SLI 电池）；电动汽车电池；轻型交通工具电池（LMT 电池）；工业电池	2023 年 8 月 18 日生效，2024 年 2 月 18 日正式实施
美国	清洁竞争法案（CCA）	对进口产品征收二氧化碳排放费用，由于美国没有统一的碳价，因此，企业将只为超过行业平均水平的排放量支付碳费	碳密集型产品包括化石燃料、精炼石油产品、石化产品、肥料、氢、己二酸、水泥、铁和钢、铝、玻璃、纸浆和造纸、乙醇等。无论是进口产品还是美国本土生产的产品，只要其碳排放强度超过行业平均水平，都将被征收碳税	2024 年开始实施
中国	碳排放权交易管理办法（试行）	为落实党中央、国务院关于建设全国碳排放权交易市场的决策部署，在应对气候变化和促进绿色低碳发展中充分发挥市场机制作用，推动温室气体减排，规范全国碳排放权交易及相关活动，根据国家有关温室气体排放控制的要求而制定的法规	适用于全国碳排放权交易及相关活动，包括碳排放配额分配和清缴，碳排放权登记、交易、结算，温室气体排放报告与核查等活动，以及对前述活动的监察管理	2021 年 2 月 1 日起实施

第三节　规范"碳足迹"行动的需求

随着欧美国家"碳关税"法案的落地实施，推动了进口产品全供应链的"碳减排"行动，"碳足迹"信息披露成为应对"绿色贸易壁垒"的有效手段。"碳足迹"是以产品为单位，计算该产品在其生命周期过程中所导致的直接和间接的二氧化碳及其他温室气体排放总量。

2022 年美国证券交易委员会（SEC）筹备出台气候披露规则，提议企业在年度报告中公开自身直接排放和从其购买的能源中产生的碳排放数据，即"范围一"（直接排放）和"范围二"（能源相关间接排放）。当碳排放数据作为公司气候目标的一部分时，需要披露范围三，即企业生产过程中，上下游产品的碳排放信息和数据。2023 年 7 月，国务院国资委办公厅发布《关于转发〈央企控股上市公司 ESG 专项报告编制研究〉的通知》，规范了央企控股上市公司 ESG（环境、社会和公司治理）信息披露工作。为有效防控绿色合规风险，出口型企业、绿色供应链管理企业和物流企业应转变管理模式，重视产品"碳足迹"报告，详细评价产品全生命周期碳排放量核算等信息。

第四节　绿色低碳技术的"助推器"

绿色物流的温室气体排放量主要来源于交通运输行业和建筑行业，排放量占比分别为 23% 和 16.58%。为了支撑"碳达峰碳中和"行动方案，国家加快低碳、零碳、负碳关键核心技术攻关，新能源汽车和清洁能源技术逐步走向成熟。2023 年中国新能源车产销量分别完成 958.7 万辆和 949.5 万辆，产销量连续 9 年居全球首位，中国已建成世界上数量最多、服务范围最广、品种类型最全的充电基础设施体系。从交通运输工具的绿色转型到配套装置，绿色低碳技术的发展，助力交通运输行业的绿色发展。随着清洁能源的开发与数智运营发展，中国也在推进落实"零碳"园区战略。2023 年江苏太仓建成首个"风光一体化"零碳智慧物流园，园区内运用"风光热生物质"一体化能源供给，采用智能物联系统和碳管理平台进行全面监测，实现 100% 零碳管理。

第二章 绿色物流概述与理论基础

第一节 绿色物流的概述

1. 绿色物流概念

根据中华人民共和国国家标准《绿色物流指标构成与核算方法》（GB/T 37099—2018），绿色物流是指通过充分利用物流资源、采用先进的物流技术，合理规划和实施运输、储存、包装、装卸、搬运、流通加工、配送、信息处理等物流活动，降低物流活动对环境影响的过程。随着时代的发展，绿色物流的理念、理论、技术、模式、设施设备、政策要求、社会需求等都出现了新的变化，绿色物流内容也应随之变化（见图2-1）。

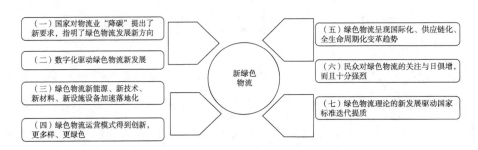

图 2-1 新绿色物流概念形成原因

联合国环境规划署（UNEP）认为绿色物流旨在通过促进整个供应链更有效地利用资源，减少与货运相关的碳足迹和其他负面影响。强调将环境可持续性原则和实践融入物流活动中，最大限度地提高资源效率并促进可持续发展。欧盟（EU）认为绿色物流通过节能运输、循环利用和优化能源消耗等方法来减少对环境的影响、提高资源效率并促进可持续发展。欧洲环境署（EEA）定义绿色物流为在物流和供应链管理中，通过改进运输、仓储和包装等方面的措施，减少资源使用和环境影响，提高效率和可持续性，实现经济效益和社会效益的双赢。美国国家环境保护局（EPA）指出，绿色物流是一种以最小化资源消耗和减少环境影响为目标的物流管理方法。美国供应管理协会（ISM）指出绿色物流通过最小化能源消耗、减少废弃物和排放等方式，在保证货品安全性、可靠性和利用效率的前提下，为社会创造可持续发展的价值。日本环境省将绿色物流定义为通过减少运输中的能源消耗和排放，实现低碳化和资源循环利用等目标的物流。日本经济产业省将绿色物流定义为在保证商品供应稳定性和降低成本的同时，通过减少二氧化碳排放、节约能源等手段实现可持续发展目标的物流。

　　综合来看，绿色物流是促进经济、社会和环境协调发展的物流过程（见图2-2）。主要目标是降低物流对环境的污染、减少物流对资源的消耗，最终实现可持续性发展，推动物流业成为环境友好型行业。绿色物流在最大限度减少物流活动生态影响的同时，需要最大限度提高效率和效益。绿色物流的行为主体包括公众、政府及供应链上的全体成员。绿色物流的活动范围覆盖产品的全生命周期。

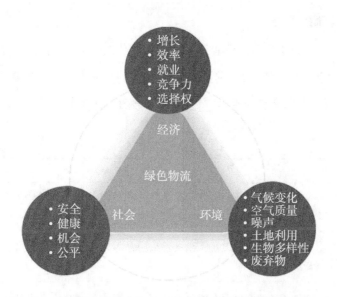

图2-2　绿色物流是促进经济、社会和环境协调发展的物流过程

　　在新战略理念、新技术、新时代发展的进程中，绿色物流新内涵应为可持续物流或者环境友好型物流，即通过采用先进技术和管理方法，合理规划和实施产品或服务全生命周期中的运输、储存、装卸、搬运、包装、流通加工、配送、信息处理等物流活动，优化资源利用，降低物流活动的负面环境影响和碳足迹，实现经济、社会和环境协调可持续发展的过程。

2. 绿色物流的来源

绿色设计理念最早可以追溯到 20 世纪初。当时，人们开始关注工业化和城市化带来的环境问题，并开始提出环保理念。随着经济的快速发展和环境问题的日益突出，从 20 世纪 60 年代开始，人类环境保护意识进一步增强，绿色设计理念逐渐兴起。20 世纪 70 年代末期，环保运动在全球范围内逐渐兴起，物流作为一个能耗大、排放量高的行业，开始受到人们更多关注，绿色物流概念也逐渐形成。随着 21 世纪的到来，全球环境问题越加严重，绿色物流的理念也更加普及。各国政府开始推出环保政策，促进企业采取绿色物流措施，以减少物流活动对环境的影响。绿色物流成为物流业发展的重要方向之一，推动着人类的可持续发展和社会进步。

3. 绿色物流的特征

绿色物流除了具有物流的基本特征（创新性、系统性、多层次性、产业链协同性、时空性与动态性）还具有其内在的核心特征（资源集约性、低碳友好、循环再生、环境安全和可持续性）。绿色物流特征如表 2-1 所示。

表 2-1   绿色物流特征

核心特征	描　述
资源集约性	通过整合、减量等措施，高效合理地规划、使用绿色物流服务活动中的资源
低碳友好	全方位监测绿色物流服务过程中各个场景的温室气体排放，通过源头减碳、过程降碳、末端固碳等措施，提高设施设备利用率和用能清洁化低碳化水平，降低温室气体排放强度
循环再生	为价值恢复或处置合理而对绿色物流服务过程中原材料、半成品、产成品、包装器具、废弃物等进行逆向回收，并通过分拣、加工、分解等方式使其重新流入生产、消费等领域

核心特征	描 述
环境安全	减少绿色物流服务过程中固体、液体、气体、噪声等污染,降低物流活动对健康和环境的影响
可持续性	所提供的绿色物流服务应既满足当代人在环境、社会和经济方面的需要,又不危及后代人满足其需要的系统状态

基本特征	描 述
创新性	绿色物流强调创新发展,通过引入新技术、新材料、新设备、新模式、新理念等,探索和推广新型的智慧物流解决方案
系统性	绿色物流是由运输、储存、包装、装卸、流通加工等多个子系统构成的,每个子系统之间存在相互制约和依存的关系。通过子系统之间的相互作用,来实现物流整体系统的发展目标
多层次性	绿色物流是建立在多行业交叉融合的基础之上,结合不同层面的知识理论,整合而成的一种模式
产业链协同性	绿色物流强调全产业链合作,通过企业间合作、政府间合作和跨行业合作等方式,实现资源共享、优化供应链、减少资源浪费
时空性与动态性	绿色物流活动贯穿于产品的全生命周期,从产品生产到回收、报废过程中,通过不同主体时间和空间的演变与动态响应,来推进绿色物流的发展

第二节 绿色物流的理论体系

绿色物流的理论基础广泛。可持续发展理论、生态学理论、资源学理论、环境学理论、社会学理论、双碳理论和全生命周期理论等共同推动了绿色物流的持续发展。

1. 可持续发展理论

可持续发展理论是指在满足当前世代需求的基础上,不破坏或尽可能减少对未来世代发展的负面影响,实现经济、社会和环境协调发展的理论,可促进人类社会的长期持续发展。由于物流过程中不可避免地会消耗能源和资源,产生环境污染,因此,为了实现长期、持续发展,就必须采取各种措施来维护自然环境。绿色物流正是依据可持续发展理论,形成了物流与环境之间相辅相成的推动和制约关系,进而促进了现代物流的发展,达到绿色与物流的共生。

2. 生态学理论

生态学是研究生物与环境之间相互作用、生物群落与生态系统的结构和功能的学科。生态学理论包括生态系统、生态位、能量流、物质循环等基本概念，强调生态系统的复杂性和稳定性，是一种促进生态保护和可持续发展的理念和方法。生态学理论旨在促进人类与生态系统之间的协调和平衡发展，并为解决环境问题提供科学支持和指导。绿色物流可以减少物流活动对生态环境的破坏和污染，从而有助于保护生态环境，推进生态保护和可持续发展理念的发展。这符合生态学理论中生态平衡和生态保护的理念和要求；绿色物流可以减少物流活动对能源和资源的消耗，通过绿色物流，可以提高物流效率，减少能源和资源的浪费，从而促进生态系统的可持续发展；绿色物流可以促进生态系统的稳定性，通过减少物流活动对生态环境的干扰和破坏，保持生态系统的平衡和稳定；绿色物流可以促进建立循环经济模式，通过回收和再利用废弃物品，减少资源的浪费和环境的污染。这也是生态学理论中循环经济和资源循环利用的核心内容。

3. 资源学理论

资源学理论是研究资源的获取、利用和管理的学科，是资源经济学、资源地理学、资源环境学等多个学科的交叉融合。资源学理论强调了资源的有限性和可持续性，提出了资源的循环利用和节约利用的理念和方法。绿色物流可以减少物流活动对资源的消耗和浪费，从而有助于节约资源，推进资源的可持续利用。这符合资源学理论中节约利用和循环利用的理念和要求；绿色物流实践可以推广资源的循环利用，通过回收再利用等方式，实现资源的最大化利用和价值提升；绿色物流是可持续发展的一种具体实践，符合资源学理论中可持续发展的理念和要求；绿色物流需要对资源的管理进行优化，提高资源的利用效率和价值。资源学理论中的资源管理理论和方法可以为绿色物流的实践提供支持和指导，加强对绿色物流的监督和管理，促进资源的合理利用和管理。

4. 环境学理论

环境学理论是研究人类与自然环境相互作用的理论，包括环境科学、环境生态学、环境社会学等多个学科的交叉融合。环境学理论强调了人类与自然环境的相互影响和依存关系，警示了环境问题的严重性和紧迫性，提出了可持续发展和环境保护的理念和方法。绿色物流是可持续发展的一种具体实践，符合环境学理论中可持续发展的理念和要求。绿色物流的实践可以推进可持续发展理念的实践和推广，促进经济、社会和环境的协调发展。绿色物流实践的推广需要政策的支持和指导，环境学理论中的环境政策可以为绿色物流的实践提供法律和政策的支持，加强对绿色物流的监督和管理，促进环保工作的落实。

5. 社会学理论

社会学是一门研究人类社会组织、结构、关系、变迁等方面的社会科学。它以科学的方法对社会现象进行研究，探讨人类社会的本质和规律，为社会问题的解决提供理论和实践支持。社会学的研究范围广泛，包括社会系统、社会结构、社会变迁、社会文化、社会心理、社会问题等多个方面。社会需求是绿色物流发展的重要动力。社会学可以通过社会调查和研究，了解人们对环保物流的需求和期望，从而指导绿色物流的发展方向和策略；社会文化对绿色物流的推广和实施也有着重要的影响。通过社会学的研究，可以了解不同地区和文化背景下人们对环保物流的理解和接受程度，进而制定适合当地文化和市场的绿色物流策略；绿色物流的发展需要各种社会组织的支持和参与，如政府部门、行业协会、研究机构、环保组织等。社会学可以研究这些社会组织的作用和影响，进而为绿色物流的发展提供支持和指导；绿色物流是企业履行社会责任的一种表现。社会学可以研究企业社会责任的概念和内涵，从而引导企业重视环保和可持续发展，积极推进绿色物流的发展。

6. 双碳理论

双碳，即碳达峰与碳中和的简称。双碳理论是一个关于应对气候变化的重要思想，其核心含义是在经济发展和环境保护之间寻求一种平衡点，通过控制能源消耗和碳排放，实现经济的可持续发展和环境保护的双赢。双碳理论强调应对气候变化应该综合考虑环境、经济和社会的多方面因素，通过乘数效应和协同效应，实现减排和增绿效应的优化，并为促进可持续发展与生态文明建设提供支持。2020 年 9 月 22 日，习近平总书记在第七十五届联合国大会一般性辩论上宣布，中国将提高国家自主贡献力度，采取更加有力的政策和措施，二氧化碳排放力争于 2030 年前达到峰值，努力争取 2060 年前实现碳中和。党的二十大报告提出，积极稳妥推进碳达峰碳中和，积极参与应对气候变化全球治理。

7. 全生命周期理论

产品全生命周期是产品从需求分析、设计、制造、销售、使用、维修、报废到回收再生的整个时间。基于产品全生命周期的企业绿色物流研究从产品设计、原料采购、生产内部物流、产品分销、包装、运输，直至产品报废、回收处置等物流环节的全生命周期，评估和管理物流活动对环境的影响和提高效率的理论和实践。主要是指企业在产品全生命周期各个环节的运输、储存、包装、装卸和流通加工等物流活动中，采用先进的物流技术、设施设备、管理方法等，最大限度降低对环境的污染，提高资源利用率，改善人类赖以生存和发展的环境。基于产品全生命周期的绿色物流可以帮助企业更好地进行节能减排、优化物流运输模式和资源管理，为企业的物流绿色化提供了重要路径。

第三节　绿色物流的内容

绿色物流建立在物流进一步发展的基础上，是物流操作和管理全程的绿色化，具体包括绿色运输、绿色仓储、绿色装卸、绿色搬运、绿色包装、绿色流通加工、绿色配送、物流信息处理绿色化。

1. 绿色运输

绿色运输是为了降低物流活动中的交通拥挤、污染等带来的损失，促进社会公平、节省建设维护费用，从而发展低污染、有利于环境的多元化交通工具。绿色运输理念是三个方面的结合，即通达有序、安全舒适、低能耗与低污染。绿色运输更深层次上的含义是一种协和的交通。绿色运输的推广和实施，对环境、社会和经济都具有重要的影响。在环境方面，绿色运输可以降低碳排放和其他污染物的排放，减少噪声污染，保护生态环境，减缓气候变化等；在社会方面，绿色运输可以提高交通安全性，降低交通事故率，改善城市交通拥堵等；在经济方面，绿色运输可以降低物流成本，提高物流效率，增加企业竞争力，同时也可以为环保产业的发展提供新的机会和市场。总之，绿色运输是一种基于可持续性、节能减排、环境保护、资源利用等多方面考虑而形成的运输模式，旨在减少对环境造成的负面影响和提高运输工作的可持续性，为人类社会的可持续发展做出积极的贡献。

2. 绿色仓储

绿色仓储是指采用节能、环保、安全、智能化等技术和管理手段，减少对环境和人体健康的影响，提高资源利用效率，促进可持续发展的仓储系统。绿色仓储倡导低碳、环保、可持续的仓储管理方式，通过应用技术手段实现对仓库物流过程的优化，以最小的资源和能源消耗，最大限度地提高仓库设施的利用率。绿色仓储强调采用节能技术和设备，如 LED 照明、太阳能发电等，降低能源消耗和碳排放。同时，通过优化货物储存和运输等环节，减少物流作业中的能源消耗和排放；应用信息技术和物联网等技术，实现仓储设备、货物信息、作业流程等的智能化管理，提高仓储效率和服务质量；合理选择仓储位置，减少对周围环境的影响；科学布局仓库面积，实现仓库空间利用最大化；对于有毒有害、易燃易爆等货物要采取特别储存措施，避免对环境的破坏；根据物资性能、特点，分门别类地采取不同的方法储存保管。此外，各类储存设施的设计和建造应达到不污染环境的要求，同时加强维护与保养，做好防潮、防腐、防水、防漏等工作。发展绿色仓储可将加强企业信息化建设、有效配置仓储设备、优化仓库布局和选址等方面作为抓手。绿色仓储还应该建立健全安全管理体系，包括安全防护设施、安全操作规程、应急预案等，保障人员和货物的安全。绿色仓储可有效推动仓储行业转型升级，实现经济效益和环境保护的双赢，更好地促进可持续发展。

3. 绿色装卸

绿色装卸是指以低能耗、低污染、低碳排放为目标，通过采用新技术、新设备和新方法，实现减少装卸活动对环境的负面影响；同时，可以优化作业流程、提高运作效率和质量、降低运营成本、保障货物安全的一种装卸方式。从低碳环保角度看，绿色装卸结合现代化装卸技术与科学装卸理念，最大限度地降低装卸过程中所需能耗和产生的各种废弃物。例如，使用电动叉车、无尘装卸机等低噪声、低排放的装卸设备；增加装卸场地绿化工程，选用智能化照明、可再生能源供电设备等，减少装卸过程的能源消耗；运用空气净化器、除垢器等排污处理方式，降低粉尘、烟雾对环境的污染与损害。绿色装卸还可以将包装材料、托盘等原材料进行回收处置，实现资源的循环利用。从高效作业角度看，绿色装卸在保护环境的基础上，能够促进优质服务，建立可持续物流体系。例如，采用智能物流系统，优化装卸方案和运输计划，避免重复装卸，合理堆放和分类货物，减少资源浪费和物资损坏，实现安全、低成本的装卸过程。从员工培养角度看，绿色装卸应该注重提高员工的环保和安全意识，采用绿色防护设备和安全保护措施，加强员工培训和意识教育，提高装卸作业的安全性与保护环境的能力。

4. 绿色搬运

绿色搬运是指利用绿色技术、能源、装备和管理等手段，改变搬运方式和流程，实现节能减排、低碳环保、高效运作的搬运方式。绿色搬运强调在同一场所范畴内，在改变货物存放状态和空间位置的作业活动中，降低碳排放、减少环境污染、提高能源利用率、优化流程和提高安全保障等。一是低碳搬运，采用低碳、低能耗电动车辆（托盘车）和设备，或者利用手动托盘车、推车等绿色工具完成搬运任务，减少使用化石燃料产生的碳排放和能源消耗。二是高效搬运，使用智慧排序软件、RFID 等信息技术手段，优化货物的堆码取拆、拣选配货和分拣储存。制定合理的搬运流程，有效安排货物搬运路线、搬运方法和设备、储存场地、作业人员等，以减少货物的频繁搬运和重复操作，提高搬运效率和仓容利用率。搭建科学的配送机制，避免搬运过程出现空车、空货等现象，有效节约能源，降低作业成本。三是安全搬运，绿色搬运要建立完善的安全保障体系，保障员工、环境和货物的安全，减少搬运事故和污染发生的可能性，降低货损风险。绿色搬运作为绿色物流中的一个环节，对推动物流活动高效运作、低碳环保、资源节约，具有重要作用。

5. 绿色包装

绿色包装是指在产品包装的设计、制造、使用和处理过程中，采用环保材料、技术和方式，以减少资源消耗、能源消耗和废弃物产生为目的，尽可能减少对环境的负面影响，保护生态系统，促进可持续发展，同时提高经济效益和社会责任感的一种可持续发展的包装方式。绿色包装已成为企业竞争力和品牌形象提升的重要因素。绿色包装有两层含义：一是整个包装过程对生态环境、人体和牲畜的健康不会造成污染与损害；二是使用的包装材料是能够循环复用、再生利用或降解腐化，不造成资源浪费，并在材料存在的整个生命周期中对人体及环境不造成公害的材料，如竹子、可降解塑料、纳米包装材料等。包装产品从原材料选择、产品制造、使用到废弃物处理的整个过程均应符合生态环境保护的要求。它包括了节省资源、能源，减量、避免废弃物产生，易回收复用，再循环利用，可焚烧或降解等生态环境保护要求的内容。从绿色包装的缘由分析，可看出绿色包装最重要的含义是保护环境，同时兼具资源再生的意义。推行绿色包装，就是要最大限度地保存自然资源，形成最小数量的废弃物和最低限度的环境污染。在"绿色浪潮"席卷全球的今天，物流企业应该强化绿色包装意识，落实绿色包装的3R1D（Reduce，Reuse，Recycle，Degradable）原则和无毒无害原则，积极利用和开发绿色物流包装材料，充分利用可回收容器、包装模数化、集合包装、原箱发货、减少油墨使用等措施实现物流的包装绿色化。

6. 绿色流通加工

绿色流通加工是指物品在从生产地到使用地的过程中，根据需要对包装、分割、计量、分拣、组装、价格贴付、标签贴付、商品检验等简单作业，采用各种节能环保技术和措施，减少对环境的影响和污染，提高资源利用效率，促进可持续发展的一种流通加工方式。绿色流通加工主要目的是在物品流通加工过程中通过节能、环保、智能等技术手段，减少能源消耗和废弃物产生，降低物流环节中的能源消耗和排放，提高资源利用效率，实现物品流通加工过程的可持续发展。开展集中加工和集中处理有助于实现绿色流通加工，一是变消费者加工为专业集中加工，以规模作业方式提高资源利用效率，减少环境污染；二是集中处理消费品加工中产生的边角废料，以减少消费者分散加工所造成的废弃物的污染。为减少环境污染和降低能源消耗，企业在流通加工中，应通过运用新型的绿色技术，控制加工的过程，进行高效能源利用；为减轻环境负荷和保护环境，企业应对生产过程中废弃物的合理排放进行限制和控制，并应尽可能采用绿色材料（如环保包装材料）、循环利用原材料等，减少对环境的污染。企业应采用延伸责任制度，通过对流通加工环境的全面管理，减少对环境的污染，切实推进清洁生产，保障可持续发展。

7. 绿色配送

绿色配送是指在物流过程中，采用可持续和环保的方式和技术手段，减少对环境造成的不良影响，通过选择合理运输路线、有效利用车辆、科学配装、提高运输效率、降低物流成本和资源消耗，实现对配送环境的净化，使配送资源得到充分利用。它包括配送作业环节和配送管理全过程的绿色化。节能减排是绿色配送最基本也是最有效的措施之一。通过使用低碳、高效、清洁能源等手段，如使用新能源汽车、混合动力汽车等绿色交通工具，物流车辆和设备所消耗的能量可以大幅降低，并且二氧化碳等有害气体的排放量也可以减少，智慧路线规划可以帮助企业优化运输路径，避免拥堵和浪费资源。通过使用先进技术如导航系统、云计算技术以及人工智能算法进行数据分析与处理，配送路线可以更加合理，减少了车辆行驶里程和时间，降低了物流成本，同时也减少了对环境的影响。共享仓库、共享配送站等设施有助于提高资源利用效率；绿色配送还需要对整个物流过程进行有效的监测、把控、数据记录与回溯来确保环保目标的实现与成果的评估，物流企业应优化全过程物流供应链管理，加强与相关政府部门和其他企业合作，共同推动绿色物流。总之，绿色配送是一种注重节能环保、提高资源利用效率、减少对环境的污染的物流配送方式，有助于实现可持续发展的目标。

8. 物流信息处理绿色化

物流信息处理绿色化，是指通过数字化、环保化、智能化技术等手段实现物流信息高效管理，提升物流效率，减轻物流行业对环境的影响。物流信息的绿色化措施包括但不限于：①建立基于互联网和物联网技术的物流信息管理平台，集成网络运输订单、物料库存信息、交通路况、天气预报等数据，并实现数据共享。②优化数据传输方式，避免使用过多纸质文件，提高数据可靠性、安全性和易访问性。③引入电子发票、电子合同等电子票据，减少传统票据的使用，采用数字签名及时间戳等技术保证电子票据的安全性和有效性。④将电子票据与物流信息管理平台相结合，实现物流信息、订单和电子票据之间的无缝对接和自动匹配。⑤使用智能芯片技术植入货物包装中，并与物流信息管理系统连接，便于远程跟踪货物实时位置和状态，提高物流信息的可视化和精准度。⑥相关文档（如收据、送货单等）在先进技术支持下，可在移动设备上进行签署、审核、发送，避免传统的纸质文档。⑦在大数据中心等信息处理场所采用节能的服务器和基础设施，通过建立信息处理场所的散热及气流组织模型达到最优冷量配置的效果。⑧将大数据中心等信息处理场所设置在自然冷却能力较强的地域，采用空气冷却、液体冷却等节能方式，在信息处理系统中使用高效、运行所需能源更少的软硬件等。物流信息的绿色化不仅提升了物流企业的管理效率和客户服务水平，也是推进物流业逐步向可持续性方向发展的必要手段之一。

第四节 绿色物流评估指标

为了能够将传统物流进行转型升级，企业应关注供应链管理中的绿色物流发展水平，从而实现绿色低碳、可持续性发展的趋势。中国物流与采购联合会绿色物流分会等单位编制的行业标准《物流企业绿色物流评估指标》（WB/T 1134—2023）在 2023 年 7 月发布。该标准从物流企业的规模、管理、设施设备、运营、绿色化信息披露与生态共建等维度，明确了物流企业的绿色物流评估指标（见表 2 - 2），综合分析了企业的物流发展水平，能更好地助力企业推进物流绿色化发展进程。

企业在推进绿色物流发展过程中，应遵循以下工作原则。

①绿色低碳发展具有系统性、持续性、领先性。

②环境资源利用节约化、高效化、清洁化。

③绿色发展模式创新化、合作化、生态化。

表2-2　　　　　　　综合型物流企业绿色物流评估指标

评估指标			级别		
一级指标	二级指标	指标类别	三星	二星	一星
规模	1. 自有和租用仓储面积	参考	≥30000m²	≥10000m²	≥1000m²
	2. 自有和租用货运汽车（或货物运输装备总载重量）	必备	≥500辆（≥2500t）	≥300辆（≥1500t）	≥100辆（≥500t）
管理	3. 管理组织与人员	必备	企业内部设有绿色发展管理部门或由多部门专职人员组成的绿色发展管理协调工作组		有明确的绿色物流相关人员和职责
	4. 管理制度	必备	有绿色发展管理组织工作制度、标准化物流作业与管理制度、节能降碳制度、能源消耗统计制度、节能宣传教育和培训制度	有绿色发展管理组织工作制度、标准化物流作业与管理制度、能源消耗统计制度、节能宣传教育和培训制度	有标准化物流作业与管理制度、能源消耗统计制度、节能宣传教育和培训制度
	5. 管理体系	参考	应按照GB/T 19001和GB/T 24001建立质量和环境管理体系，并通过国家或行业相关认证。应按照GB/T 23331建立能源管理体系	应按照GB/T 19001和GB/T 24001建立质量和环境管理体系，并通过国家或行业相关认证	应按照GB/T 19001建立质量管理体系，并通过国家或行业相关认证。应按照GB/T 24001建立环境管理体系
	6. 绿色物流发展规划与实施	参考	有绿色物流发展规划并制订相应工作计划和实施方案，有人力、财力、设备及技术资源支持		有绿色物流发展规划并制订相应工作计划

评估指标			级别		
一级指标	二级指标	指标类别	三星	二星	一星
设施、设备、包装器具	设施	7. 交通连接方式	必备	应具备两种以上（含两种）运输方式或毗邻两条以上（含两条）高速公路、国道		
		8. 仓库	必备	有立体库[a]	—	
		9. 主要设施	必备	采用高效冷源、绿色照明、建筑保温隔热、自然采光或自然通风等节能举措一项及以上		
		10. 辅助设施	参考	配套有满足新能源载运工具和清洁环保载运工具充（换）电、岸电、加气或加氢需求的辅助设施		
	设备	11. 新能源叉车[b]比重	必备	≥90%	≥70%	≥60%
		12. 新能源载运工具（微型和轻型货运汽车）比重	必备	≥30%	≥20%	≥10%
		13. 新能源载运工具与清洁环保载运工具（中型和重型货运汽车）比重	必备	≥20%	≥10%	≥5%
		14. 新能源载运工具与清洁环保载运工具（货运船舶或货运飞机）	参考	使用新能源载运工具与清洁环保载运工具（货运船舶或货运飞机）		
		15. 计量器具	必备	配备有计量能源和水等资源的计量器具，计量器具应定期检定，并能对计量器具进行维护与管理		
	包装器具	16. 标准托盘[c]比重	必备	≥90%	≥70%	≥50%
		17. 标准周转箱[d]比重	参考	≥80%	≥60%	≥40%
		18. 可降解塑料材料使用	参考	物流包装使用可降解塑料		
运营	数字化运营	19. 数字化和智能化技术[e]应用	必备	3项及以上	2项及以上	1项及以上
		20. 管理信息系统[f]应用	必备	5项及以上，且应包括 TMS 和 WMS	4项及以上，且应包括 TMS 和 WMS	3项及以上，且应包括 TMS 和 WMS
		21. 运营方案优化	必备	具有优化库区选址、库内布局、货位分配、运输及配送路径、库内设备调度或运输调度等能力一项及以上		

续 表

评估指标			级别		
一级指标	二级指标	指标类别	三星	二星	一星
运营	运营模式与效率	22. 物流业务组织模式[g]应用	必备	2 项及以上		1 项及以上
		23. 铁路和水路货运周转量比重	参考	≥10%	≥5%	≥1%
		24. 实载率	必备	满足货运汽车≥60%，货运火车＞50%，载货河运船舶≥60%，载货海运船舶≥70%或货运飞机＞50%一项及以上		
		25. 库存周转次数	必备	≥10	≥5	≥1
	资源绿色化	26. 使用可再生能源	参考	企业运营设施产生的可再生能源全部或部分自用，或通过绿色电力交易或绿证交易等市场化方式使用可再生能源		
		27. 物流包装减量化	必备	采用减少二次包装[h]、智能算法或减量化包装替代等举措一项及以上		
绿色信息披露与生态共建		28. 核算和报告节能降碳信息	必备	有能源消耗清单和节能降碳举措，统计和核算企业或项目层级的能源消耗总量[i]和强度[j]，及二氧化碳排放总量[k]或强度[l]		
		29. 社会责任履行情况	必备	定期发布含绿色物流的报告，且报告公开可获得	公开宣传自身绿色物流实践行动	
		30. 绿色生态共建	必备	与合作商建立绿色物流沟通协作机制，了解合作商绿色物流服务需求和举措，有支持合作商开展绿色物流的举措		了解合作商绿色物流服务需求和举措，有支持合作商开展绿色物流的举措

注：[a] 立体库是指有装卸站台、净高大于9m或能安装高度7m以上货架的仓库。

[b] 新能源叉车是指采用非常规能源，以电力、氢能源作为动力来源的叉车。

[c] 标准托盘是指平面尺寸满足GB/T 2934要求的托盘。

[d] 标准周转箱是指运输包装模数满足GB/T 4892要求的周转箱。

[e] 数字化和智能化技术包括自动识别标识技术（含条码识别技术、生物识别技术、图像识别技术或射频识别技术RFID等）、智能照明控制技术（含分时、分区自动感应，按需智能开关和调节技术等）、人工智能技术（含大数据、计算机视觉、语音识别、自然语言处理或机器学习等）、环境感知技术（重量、体积、温度、油量或电量等智能监测技术）、智能缴费技术（ETC）等。

[f] 管理信息系统包括企业管理软件（ERP）、能源管理系统（EMS）、订单管理系统（OMS）、仓库管理系统（WMS）、运输管理系统（TMS）、电子订货系统（EOS）、自动存取系统（AS/RS）、办公自动化系统（OAS）等。

[g] 物流业务组织模式包括逆向物流、多式联运、甩挂运输、统仓统配、云仓、共同配送、集中配送、全天候配送等。

[h] 二次包装包括物流作业过程中的货物包装拆分和重新包装。

[i] 能源消耗总量是指企业或项目在一定时期内消耗的各种能源的总和，单位为吨标准煤（tce）。

[j] 能源消耗强度是指企业或项目在一定时期内单位营业收入的能源消耗量，单位为吨标准煤每万元

（tce/万元）；或是单位业务量的能源消耗量，单位为吨标准煤每百万吨公里 [tce/ （Mt·km）] 或吨标准煤每万吨（tce/10kt）。

k 二氧化碳排放总量是指企业或项目在一定时期内直接产生和与能源相关间接产生的二氧化碳排放量总量，单位为吨（t）。

l 二氧化碳排放强度是指企业或项目在一定时期内单位营业收入的二氧化碳排放量，单位为吨每万元（t/万元）；或是单位业务量的二氧化碳排放量，单位为吨每百万吨公里 [t/ （Mt·km）] 或吨每万吨（t/10kt）。

第五节　本章小结

绿色物流概念在不同时期、不同视角等因素影响下有所不同，但是各界普遍认为绿色物流的最终目标是可持续发展，实现该目标的准则是经济效益、社会效益和生态效益的统一。

绿色物流具有核心和基本特征两部分，分别为资源集约性、低碳友好、循环再生、环境安全、可持续性、创新性、系统性、多层次性、产业链协同性、时空性与动态性。绿色物流内容包括绿色运输、绿色仓储、绿色装卸、绿色搬运、绿色包装、绿色流通加工、绿色配送、物流信息处理绿色化等方面。为了促进企业推动绿色物流发展，中国物流与采购联合会绿色物流分会等单位编制了行业标准《物流企业绿色物流评估指标》（WB/T 1134—2023），提出了发展绿色物流的工作原则和评估指标。系统了解绿色物流理论，清晰绿色物流新内涵，可以加强物流活动组织者、产品生产者等企业主体推动物流绿色转型的积极性。建立绿色物流评价体系，有利于经营主体实现减碳目标，形成良性闭环发展。

第三章　国内外绿色物流发展现状

第一节　国内外物流行业发展现状

1. 物流行业发展规模

物流业是融合运输、仓储、信息等产业的复合型服务业，是国民经济发展的动脉和先导性、基础性、战略性产业，其发展程度已成为衡量一国现代化程度和综合国力的重要标志之一，自 2009 年以来，中国已将物流业列为十大产业调整和振兴规划之一。2023 年 2 月中国物流与采购联合会公布了《2022 年全国物流运行情况通报》，2022 年，物流业总收入 12.7 万亿元人民币，同比增长 4.7%。全国社会物流总额[①]已由 2010 年的 125.4 万亿元增长至 2022 年的 347.6 万亿元，其中 2022 年工业品、外部流入货物[②]（进口货物）、农产品、再生资源、单位与居民物品[③]物流总额比重分别为 89.0%、5.2%、1.5%、0.9% 和 3.5%，近五年增长年均速率分别为 4.7%、8.2%、8.1%、30.3%、12.6%。2019—2022 年，再生资源及单位与居民物品物流总额保持较快增长速度。2022 年中国社会物流总费用为 17.8 万亿元，占 GDP 比重为 14.7%，运输、保管、管理费用比重基本保持稳定。营业性货运量[④]由 2017

---

①　社会物流总额是指第一次进入国内需求领域，产生从供应地向接受地实体流动的物品的价值总额，包括农产品物流总额、工业品物流总额、外部流入货物物流总额、再生资源物流总额、单位与居民物品物流总额五部分。

②　外部流入货物，即通过我国海关进口的物品总量，区域和行业统计中，除了通过海关进口的物品总量，还包括从本区域外或本行业外流入的物品总量。

③　单位与居民物品，包括铁路、航空运输中的行李，邮递业务中包裹、信函，社会各界的各种捐赠物，单位与居民由于搬家迁居需要装卸搬运与运输等物流服务的物品。

④　营业性货运量，主要是指营业性铁路、公路、水路、航空、管道货运量，如营业性公路货运量是指一定时期内由在运输管理部门办理车辆道路运输许可证的营运车辆运输并卸完的货运量。

年的 472.43 亿吨增长至 2021 年的 521.6 亿吨；营业性货运周转量由 2017 年的 19.26 万亿吨公里增长至 2021 年的 21.81 万亿吨公里；2022 年，受到国际供应链不畅、国内疫情扰动等因素影响，营业性货运量下降为 506.63 亿吨，增长率为 -3.1%；营业性货运周转量少量增长至 22.62 万亿吨公里，增长率为 3.4%。快递业务量由 2017 年的 400.56 亿件增长至 2022 年的 1105.8 亿件。

2. 物流企业转型升级趋势

随着供应链的全球化和电商的快速发展，物流行业正面临日益激烈的市场竞争和消费者的高品质服务需求。同时，人们对环保问题的日益重视，也在推动物流行业向绿色化和可持续化方向不断前进。在这样的大背景下，物流企业必须进行转型升级，加强技术创新和管理创新，实现自身内部运营效率的提升和外部服务质量的优化，才能在激烈的竞争中立于不败之地。

（1）数字化转型。

数字化转型是物流企业转型的核心内容。传统物流企业应运用物联网技术、大数据分析与处理、云计算、区块链等先进技术，以此加强对物流运作全过程的管理与控制。物流企业通过建立数字化信息平台，实现物流信息的可视化、智能化管理和优化，提高物流运营效率和服务水平。同时，物流企业可以利用大数据分析，精准预测市场需求，准确规划需求响应和资源配置策略，从而提高产业集约度和运营效率。对于物流企业而言，数字化转型不仅仅是简单地将人工环节替换为数字化的机器人模拟，更应该注重在现有的业务基础上追求高效率和用户体验的新型模式。

（2）智能化升级。

在数字化转型的基础上，智能化升级成为物流企业提高自身竞争力的有效途径。未来物流企业将成为智能化一站式服务提供者，在全链路信息管理和控制上实现更高效的操作和效率。例如，通过应用物联网技术，实现智慧仓储管理、智能车载管理、无人机配送，提高自动化程度和服务品质。智能终端设备的更新换代也将成为物流企业普及智能化的重要推动力。

（3）绿色化运营。

环保意识在国际社会持续升温，物流企业也应遵循节能、减排和环保的要求，实现无感可持续运营。绿色化运营已经成为物流企业转型升级的必然趋势，它着眼于环保和可持续经营，以减排和节约资源为核心目标。通过采取提高车辆运输利用率、优化运筹调度、推广新能源汽车、发展环保仓储物流等一系列措施，实现在确保服务质量的前提下，减少对环境的影响和损害。

（4）营销策略创新。

在竞争激烈的市场环境下，物流企业应充分利用数字化平台，通过数据挖掘和大数据分析实现货品精准推送、个性化定制服务等，提高营销策略的准确性与针对性。此外，物流企业还应发挥用户体验和口碑优势，以更加高效和精准的商业逻辑，提高消费者满意度。

（5）组织体系创新。

组织体系创新是物流企业实现快速转型和可持续发展的重要保障，包括建立高效的组织结构，实现人才战略的集约化、智能化；形成科学有效的透明化考评、激励机制；发挥公司内部沟通和信息协作的自发性和有效性；积极拓展国内外合作伙伴关系；等等。

（6）供应链升级。

在社会分工和生产模式日益复杂的背景下，供应链升级势在必行。物流企业需要采用现代科技手段来提高供应链运营效率、运营风险管理水平等方面的能力。同时，在充分享受数字化转型带来的效益上，物流企业还要通过不断完善供应链整合和管理体系，采用供应链控制塔等技术，保证物流运作的整体连通，推动行业高效快速转型升级。

3. 物流行业能源消耗和二氧化碳排放现状

（1）物流业二氧化碳排放主体。

物流业二氧化碳排放主体既包括物流行业法人单位和从事物流活动的个体工商户，也包括工业、批发和零售业的物流部门。

（2）物流业二氧化碳排放活动范围。

物流业温室气体排放包括直接排放（即范围一），化石燃料燃烧排放、尾气净化使用的尿素排放、制冷剂（氢氟碳化物）泄漏的排放；能源相关间接排放（即范围二），净购入电力、热力等排放；其他间接排放（即范围三），是指除范围二以外的其他所有间接排放，包括外包运输及配送活动、外包仓储活动及包装材料的使用产生的碳排放等。物流业温室气体排放源及温室气体种类如表 3－1 所示，物流业温室气体排放主要来源为三个方面，即运输及配送活动、装卸搬运及仓储活动、辅助物流活动。

表 3－1　　　　　　　　　　物流业温室气体排放源及温室气体种类

物流活动及辅助物流活动	化石燃料燃烧排放 温室气体种类	净购入电力、热力 排放温室气体种类
运输及配送活动	CO_2，CH_4，N_2O，HFCs	CO_2
装卸搬运及仓储活动	CO_2，HFCs	CO_2
辅助物流活动	CO_2	CO_2

本报告核算的是物流行业法人单位、从事物流活动的个体工商户及工业、批发和零售业的物流部门等物流主体 2000—2020 年在运输及配送活动、装卸搬运及仓储活动、辅助物流活动三个领域对应的二氧化碳排放，含直接排放（范围一）中的化石燃料燃烧排放和能源相关间接排放（范围二）的净购入电力、热力排放。

（3）我国物流业温室气体排放核算方法。

物流业温室气体排放核算主要依据《省级二氧化碳排放达峰行动方案编制指南》和行业标准《物流企业温室气体排放核算与报告要求》（WB/T 1135—2023）。

（4）我国物流业二氧化碳排放核算方法。

物流业二氧化碳排放总量是指运输及配送活动、装卸搬运及仓储活动、辅助物流活动三个领域对应的二氧化碳排放量，由直接排放（范围一）中的化石燃料燃烧排放和能源相关间接排放（范围二）的净购入电力、热力排放量加总得到，即：

$$CO_{2总量} = CO_{2直接} + CO_{2间接}$$

能源活动的直接二氧化碳排放量可以根据不同种类能源的消耗量和二氧化碳排放因子计算得到，即：

$$\mathrm{CO}_{2\text{直接}} = \sum A_i \times EF_i$$

其中，A_i 表示不同种类化石能源（如煤炭、汽油、柴油、燃料油、天然气等）的消耗量，可从国家统计局分行业能源消耗量中得到。EF_i 表示不同种类化石能源的二氧化碳排放因子。

电力和热力调入的间接二氧化碳排放量，可利用物流业电力和热力调入量、全国电网二氧化碳排放因子和热力二氧化碳排放因子计算得到，即：

$$\mathrm{CO}_{2\text{间接}} = A_e \times EF_e + A_f \times EF_f$$

其中，A_e 表示物流业电力净购入量，A_f 表示物流业辅助物流活动所需公共建筑面积，其中物流业电力净购入量可从国家统计局分行业电力消耗量中得到，物流业辅助物流活动所需公共建筑面积可从物流从业人员数量及单位从业人员所需办公建筑面积进行推测。EF_e 表示全国电网二氧化碳排放因子，EF_f 表示单位办公面积建筑取暖碳排放量（取 41.7 kg CO_2/m^2）。

①运输及配送活动数据。

运输及配送活动属于交通运输范畴，根据《省级二氧化碳排放达峰行动方案编制指南》（以下简称《指南》），交通运输的能源消耗包括交通运输、仓储和邮政业领域的交通运输能源消耗（不含国际远洋运输），还包括农业、工业、建筑业、批发、零售业和住宿、餐饮等服务业及其他，以及居民生活方面的交通运输能源消耗，根据《指南》拆分原则如下。

Ⅰ. 农业（农、林、牧、渔、水利业）中汽油的 80% 和柴油的 10% 划出至交通运输，本书将农业汽油的 80% 和柴油的 10% 全部划出至农业物流货物运输。

Ⅱ. 工业中汽油的 79% 和柴油的 26% 划出至交通运输，本书将工业汽油的 79% 和柴油的 26% 全部划出至工业物流货物运输。

Ⅲ. 建筑业中汽油的 0% 和柴油的 0% 划出至建筑业物流货物运输。

Ⅳ. 交通运输业（交通运输、仓储和邮政业）中除电力和热力不归交通运输能源消耗外，其余能源如煤炭、焦炭、原油、汽油、煤油、柴油、燃料油、天然气、液化天然气均划归于交通运输能源消耗，本书将交通运输业煤炭（100%）、焦炭（100%）、汽油（98%）、煤油（25%）、柴油（98%）、燃料油（100%）、天然气（10%）、液化石油气（100%）均划归交通运输业物流货物运输。

Ⅴ. 服务业（批发、零售业和住宿、餐饮业）中汽油的98%划出至交通运输，本书将服务业中汽油的98%全部划出至服务业物流货物运输。

Ⅵ. 其他行业中汽油的98%划出至交通运输，本书将其他行业中汽油的98%全部划出至其他行业物流货物运输。

Ⅶ. 居民生活中汽油的99%和柴油的95%划出至交通领域，本书将居民生活中柴油的95%划出至居民生活物流货物运输。

根据以上拆分原则，得出我国物流业运输及配送活动碳排放核算公式，如下所示。

$$CO_{2直接,运输} = (A_{a,G} \times 80\% + A_{b,G} \times 79\% + A_{d,G} \times 98\% + A_{e,G} \times 98\% +$$

$$A_{f,G} \times 98\% + A_{g,G} \times 99\%) \times EF_G + (A_{a,D} \times 10\% + A_{b,D} \times 26\% + A_{d,D} \times$$

$$98\% + A_{g,D} \times 95\%) \times EF_D + A_{d,N} \times 10\% \times EF_N + A_{d,COA} \times EF_{COA} + A_{d,COK} \times$$

$$EF_{COK} + A_{d,K} \times 25\% \times EF_K + A_{d,F} \times EF_F + A_{d,LPG} \times EF_{LPG}$$

其中，A 表示不同行业不同类型能源消耗量；a、b、d、e、f、g 分别表示农业、工业、交通运输业、服务业、其他行业、居民生活；G、D、N、COA、COK、K、F、LPG 分别表示汽油、柴油、天然气、煤炭、焦炭、煤油、燃料油、液化石油气；EF 表示不同类型能源的二氧化碳排放因子。

②装卸搬运及仓储活动数据。

装卸搬运及仓储活动与库区整体能源消耗相关，主要是货物在储存、装卸、搬运、流通加工、包装等过程中照明、通风、空调、制冷等使用的外购电力产生的排放。因此本书装卸搬运及仓储活动电力数据主要来源于交通运输、仓储和邮政业电力消耗量。

③辅助物流活动数据。

辅助物流活动主要是指辅助物流活动顺利开展的其他活动，包括物流从业人员办公和信息处理等，因此辅助物流活动同样归属于建筑范畴，是指建筑在运行过程中因制冷、制暖、照明、信息处理等产生的排放，不包括建筑在建造过程中产生的碳排放。

④中国物流业二氧化碳排放核算结果。

综合运输及配送活动、装卸搬运及仓储活动、辅助物流活动的能源消耗和二氧化碳排放，得出：2020 年我国物流业能源消耗量和二氧化碳排放量分别为 3.93 亿吨标准煤和 8.80 亿吨，占我国能源消耗总量和二氧化碳排放总量的比重分别为 7.89% 和 8.82%（见表 3 - 3）。

分析物流业能源消耗增速和二氧化碳排放增速，考虑我国大规模投资基础设施和基础产业工业能源消耗量增速较快，2019 年交通公路运输数据口径调整①，取消统计总质量 4.5 吨及以下普通货运车辆的数据，2020 年受新冠疫情影响物流运输受阻较大。总体来看，全国二氧化碳增速相对来说在放缓，而物流业二氧化碳增速仍保持较快增长，因此我国物流业应大力提高能效，降低单位物流业务量能耗强度，同时应加快发展低碳业务，促进物流业能源消耗电气化和绿色低碳化发展。2020 年我国物流业能源消耗量和二氧化碳排放量情况如表 3 - 2 所示。

表 3 - 2　　　　　2020 年我国物流业能源消耗量和二氧化碳排放量情况

分类	物流业	全国
能源消耗量（亿吨标准煤）	3.93	49.8
二氧化碳排放量（亿吨）	8.80	99.74

从二氧化碳排放范围来看，2018 年和 2020 年我国物流业直接排放量（范围一）分别为 7.86 亿吨和 7.36 亿吨，比重分别为 85.3% 和 83.6%；2018 年和 2020 年我国物流业能源相关间接排放量（范围二）分别为 1.36 亿吨和 1.45 亿吨，比重分别为 14.7% 和 16.4%（见表 3 - 3）。

表 3 - 3　　　　　2018 年和 2020 年我国物流业分范围二氧化碳排放量情况

分类	2018 年	2020 年
直接排放（范围一）（亿吨）	7.86	7.36

---

① 2019 年起铁路货运量和货物周转量数据来自国家铁路局，与以往年份相比统计范围增加部分地方铁路（以下相关表同）；2019 年公路货运量及货物周转量统计口径，根据 2019 道路货物运输量专项调查进行了调整，数据与上年不可比（以下相关表同）。按照调整后可比口径计算，2019 年公路货运量、货物周转量比上年分别增长 4.2% 和 0.4%。

续　表

分类	2018 年	2020 年
直接排放（范围一）比重（%）	85.3	83.6
能源相关间接排放（范围二）（亿吨）	1.36	1.45
能源相关间接排放（范围二）比重（%）	14.7	16.4

分能源品种分析我国物流业能源消耗和二氧化碳排放情况，2018 年和 2020 年，物流业柴油和汽油消耗仍占主导地位，但柴油消耗量比重和二氧化碳排放量比重在持续下降中。物流业天然气消耗量快速增长，2020 年，其能源消耗量比重和二氧化碳比重分别提高到 10.9% 和 8.7%。随着铁路货运电力机车、自动化立体仓库和恒温冷库的快速发展，物流业电力消耗量也在持续增长，虽然 2020 年电力能源消耗量比重仅为 6.7%，但其二氧化碳排放量比重高达 14.2%，因此需要大力发展可再生能源，建设新型电力系统，推动能源结构绿色低碳转型发展（见表 3－4）。

表 3－4　2018 年和 2020 年我国物流业各类型能源消耗量比重和二氧化碳排放量比重

分类	能源消耗量比重（%）		二氧化碳排放量比重（%）	
	2018 年	2020 年	2018 年	2020 年
柴油	42.4	38.2	40.4	36.3
汽油	31.2	31.0	27.8	27.5
天然气	8.4	10.9	6.7	8.7
燃料油	6.2	7.4	6.2	7.4
电力	6.0	6.7	12.6	14.2
煤油	3.1	2.9	3.0	2.8
热力	1.7	1.8	2.1	2.2
煤炭	0.6	0.6	0.7	0.5
液化石油气	0.5	0.5	0.4	0.4

从物流活动类型分析物流业能源消耗和二氧化碳排放情况，2016—2020 年运输及配送活动能源消耗量和二氧化碳排放量占物流业能源消耗总量和二氧化碳排放总量的平均比重分别为 92% 和 85%；装卸搬运及仓储活动能源消耗平均比重和二氧化碳排放量平均比重分别为 5% 和 10%；辅助物流活动能源消

耗平均比重和二氧化碳排放量平均比重分别为3%和5%（见表3-5）。

表3-5　　2016—2020年我国各类型物流活动能源消耗量和二氧化碳排放量

分类	运输及配送活动	装卸搬运及仓储活动	辅助物流活动
2016—2020年能源消耗平均比重（%）	92	5	3
2016—2020年二氧化碳排放量平均比重（%）	85	10	5

第二节　国内外绿色物流发展政策

1. 美国绿色物流发展政策

美国是世界上最早发展物流业的国家之一，其高度关注绿色物流的发展。美国于2005年发布的能源政策法案包括了全国范围内交通运输节能标准的设立以及税收优惠政策等措施，以鼓励企业采用环保物流。《美国清洁能源与安全法案》（ACESA）于2009年获得通过，旨在推广清洁能源技术和能源效率，鼓励企业采用清洁能源交通工具。美国政府确立以现代物流发展带动社会经济发展的战略目标，并在《国家运输科技发展战略》中规定，到2025年交通产业结构或交通科技进步的总目标是建立安全、高效、充足和可靠的运输系统，其范围是国际性的，形式是综合性的，特点是智能性的，性质是环境友善的。美国政府将"使环境影响最小化"作为制定环境政策的核心宗旨，以达到社会经济可持续发展。2020年，美国拜登总统竞选时提出"清洁能源革命与环境正义计划"，指出该计划将确保美国实现100%的清洁能源经济，并在2050年前达到净零碳排放，其中特别要求上市公司披露其运营、供应链中的气候风险和温室气体排放情况。2021年1月28日拜登总统指出美国主要联邦机构必须制定一项适应和恢复计划，以应对其最重要的气候风险和脆弱性。2021年10月7日，白宫宣布发布20多项联邦机构气候适应和恢复计划，联邦机构包括农业部、商务部、国防部、教育部、能源部、住房和城市发展部、运输部、财政部、环境保护局等。美国联邦航空局

（FAA）发布了美国航空气候行动计划、EPA 先后发布了 SmartWay 货运计划和清洁卡车计划。2022 年 6 月 7 日美国民主党参议员 Sheldon Whitehouse 联合其他三位参议员 Chris Coons、Brian Schatz 和 Martin Heinrich 在国会上提出了一项基于窄幅边界调整的碳税立法《清洁竞争法案》（Clean Competition Act，CCA）。该法案是要对进口产品征收二氧化碳费用，包括化石燃料、精炼石油产品、石化产品、肥料、氢、己二酸、水泥、铁和钢、铝、玻璃、纸浆和造纸、乙醇等。由于美国没有统一的碳价，因此企业将只为超过行业平均水平的排放量支付碳费，征收的对象包括进口商和美国国内生产商。2023 年 1 月 10 日，为应对气候危机，实现到 2035 年确保 100% 清洁电网和到 2050 年实现净零碳排放目标的战略性蓝图，拜登政府出台了重要文件《交通部门脱碳蓝图》。该蓝图的主要目标是到 2030 年，部署清洁交通工具/设施，乘用车新车销量的 50% 实现零排放，中重型卡车新车销量的 30% 实现零排放；到 2040 年加速清洁解决方案实施，确保支持清洁技术所需的基础设施部署到位，完全融入清洁能源系统。到 2050 年，所有联邦采购车辆均为零排放车辆，使用可持续燃料，完成交通清洁转型，实现净零排放。

2. 欧盟绿色物流发展政策环境

欧洲是践行绿色物流理念最早的地区之一。早在 20 世纪 80 年代，欧洲就开始探索一种新的联盟型或合作式的物流新体系，即综合物流供应链管理，以实现最终消费者和最初供应商之间的物流与信息流的整合，通过合作形式实现原来不可能达到的物流效率，从而减少无序物流对环境的影响。欧洲货代组织（FFE）对运输、装卸、管理过程制定了相应的绿色标准，加强了政府和企业协会对绿色物流的引导和规划作用，同时鼓励企业运用绿色物流的全新理念来经营物流活动。2019 年 12 月，欧盟委员会公布了应对气候变化、推动可持续发展的《欧洲绿色协议》，提出在 2050 年前实现欧洲地区的"碳中和"，通过利用清洁能源、发展循环经济、抑制气候变化、恢复生物多样性、减少污染等措施提高资源利用效率，实现经济可持续发展。为实现该协议，欧盟提出了"可持续欧洲投资计划"；未来欧盟长期预算中至少 25% 专门用于气候行动。欧洲投资银行也启动了相应的新气候战略和能源贷款政策，到 2025 年将把与气候和可持续发展相关的投融资比例提升至 50%；欧盟委员会联合欧洲投资基金共同成立了总额 7500 万欧元的"蓝色投资基金"，旨在通过扶持创新型企业成长，推动欧盟海洋经济的可持续发展。同时，欧盟最早启动了碳交易市场，碳市场参与者包括电力、工业、航空、海运、公路运输和建筑行业。2021 年 7 月欧盟委员会根据《欧洲绿色协议》提出具有法律约束力的温室气体减排目标，即于 2030 年在 1990 年温室气体排放量上削减至少 55%，并在 2050 年实现碳中和，同时考虑从 2023 年起，将欧盟碳交易系统的范围扩大到海运、公路运输和建筑行业。2023 年 4 月 25 日，欧盟委员会通过了"减碳 55（Fit for 55）"一揽子提案中的五项关键法案，即扩大欧盟碳市场、海运排放、基建排放、征收航空燃油税、设立碳边境税等。此举将使欧盟减少主要经济部门的温室气体排放量，同时为居民和小微型企业提供有效支持，以确保实现欧盟到 2030 年将温室气体净排放量较 1990 年水平至少减少 55% 的目标，并在 2050 年实现碳中和。其中，碳边境调节机制（CBAM）要求在欧盟境外生产的货物，根据其生产过程中的碳排放，在进入欧盟市场时支付碳价格，涵盖水泥、钢铁、铝、化肥、氢、电力六大行业。为平稳实施法案，欧盟设定了"2023 年 10 月 1 日至 2026 年 12 月 31 日"的过渡期，2027—2034 年将逐步实施"碳关税"。

在欧盟整体碳排放活动中，交通运输占总温室气体排放量的比重约为 25%，且该比重还在持续增加中。为实现《欧洲绿色协议》目标，到 2050 年，欧盟交通运输相关温室气体排放量需减少 90%。为了支持向更清洁、更环保、更智能的交通方式过渡，欧盟委员会提出四项提案：①提升铁路和航运能力；②加大与新能源汽车相关的基础设施建设；③数字化技术应用发展智能交通系统；④构建高效的高速铁路和多式联运系统。同时欧盟通过大力提高物流体系的标准化、共享化，提高欧洲各国之间的物流活动效率，例如欧盟委员会提出在未来 20 年内，努力建立欧洲统一的铁路体系，实现欧洲铁路信号等铁路运输关键系统的互用。

此外，欧盟还非常重视绿色包装和逆向物流发展。早在 1994 年年底，欧盟（原欧共体）就颁布了一项关于包装和包装废弃物的条例——《包装及包装废弃物指令》（94/62/EC）。此外，欧盟明确规定汽车及零部件、电池、家电等多个行业的多种产品需要强制回收。欧洲各国自身也制定了相应的法律，细化企业、政府等各方的责任分担和操作细则，比如德国在2002年生效的《旧车法》。2019年1月1日德国生效的新的包装法（VerpackG）规定到2022年，不同包装材料的回收目标将从目前的36%提高到63%。同时产品生产商或出售商必须遵守该法案，若不能遵守将面临高达5万欧元的罚款和销售禁令。2023年8月17日《欧盟电池和废电池法规（EU）2023/1542》（以下简称《新电池法》）正式生效。该法案对投放到欧盟市场的所有类型电池（除用于军事、航天、核能等用途电池）提出强制性要求。这些要求涵盖了可持续性和安全、标签、信息、尽职调查、电池护照、废旧电池管理等。《新电池法》还详细规定了电池以及含电池产品的制造商、进口商、分销商的责任和义务，并建立了符合性评估程序和市场监管要求。

3. 日本绿色物流发展政策环境

日本同样也非常重视绿色物流发展，日本政府先后制定多项有关物流管理职能、物流环境标准等政策法规，日本物流领域的法律体系形成了基本法统率综合法和专项法的循环经济立法模式。从1997年开始，由经济产业省和国土交通省每四年修订一次《综合物流施策大纲》，这是日本物流行业的纲领性文件，该文件将绿色物流作为整个经济的重要基础加以考虑。《综合物流施策大纲（2021—2025）》明确，将通过推进物流DX（数字化转型）和物流标准化对整个供应链进行彻底优化，通过建立强大、可持续的物流网络，实现"简单、流畅、友好、强大、柔韧"的物流体系。

除纲领性文件外，日本也制定了物流相关职能方面的法规，如1966年制定的《流通业务城市街道整备法》，提出将集中在大城市中心的流通设施向已经整备好的外围地区集中搬迁，以提高大城市流通性并使道路交通流畅。1990年12月开始实施的《货物汽车运输事业法》和《货物托运事业法》是规范汽车运输事业行为的法律，统称"物流二法"，替代了连续实施长达四十多年的30部与物流产业有关的法律。1992年，日本政府公布了《汽车氮氧化物限制法》，并规定了允许企业使用的五种货车车型，同时在大都市特定区域内强制推行排放量较低的货车允许行驶的规制。同时，日本也非常重视绿色包装和逆向物流，1993年《能源保护和促进回收法》正式生效，该法案对绿色包装进行了规定，1995年颁布了《容器包装回收法》，该法案鼓励建立大量的回收站。2001年，为鼓励提高资源利用效率并减少浪费，日本实施了《家电再生利用法》，该法规委托家电生产商回收空调、电视机、电冰箱、洗衣机等家用电器。2005年颁布了《物流综合效率法》，该法案通过提高企业综合物流效率来降低物流成本和减轻环境负担。2006年，颁布了《省能源法》，该法案规范了能源消费量的计算和合理使用。同年，为了支持物流效率化，还新设置了绿色物流合作普及事业补助金。此外，中央和地方设立了绿色物流合作会议制度。为客观真实地评定企业低碳物流业绩，日本出台了《企业内环保评价标准》，该标准规范了企业向社会公示其环保成果的《社会环境报告书》的撰写规程，明确规定了公示的减排业绩计量单位必须参照行政部门的《减排物单位表》统一书写。2012年颁布了《全球气候变暖对策税》，对所有化石燃料（如煤炭、汽油、柴油、航空燃料、天然气等）征税，以应对二氧化碳排放量及能源消耗量负担；2017年颁布了《综合物流施策大纲（2017—2020年)》，提高日本整个物流产业劳动生产率的平均水平，至2020年度实现日本物流产业劳动生产率达到20%的增幅。

此外，日本积极推行物流标准化。为了全面实现物流系统标准化，日本在1997年第一版《综合物流施策大纲》提出并重新制定了托盘、集装箱等标准化设备的工业标准，以实现与国际标准接轨。1998年后，日本将堆码机等物流设备列入政府采购物资，并积极推广多式联运用的标准尺寸的托盘（T11型，即1100mm×1100mm）。除此之外，日本还推进该托盘的国际标准化，力求在亚洲范围内普及JIS标准托盘。为了有效利用运输，实现装卸搬运分离，日本通过发展甩挂运输，有效利用甩挂车和滚装船，制定了集装箱底盘车整备相关规定。2023年2月10日日本内阁批准"实现绿色转型的基本方针"，计划未来10年日本政府和私营部门投资将超过150万亿日元（约1.1万亿美元），构建绿色转型、去碳化和稳定供应的体制，促进交通绿色转型和扩大以脱碳为目的的数字投资。日本政府采用新金融手段，通过发行债券、商业担保等作为风险补充投资，以增长为导向的碳定价来激励投资，鼓励企业采用清洁能源以及研发低碳技术。

4. 中国绿色物流发展政策环境

我国现代物流业起步较晚，绿色物流的发展也是如此。党的十八大以来，随着人民群众对美好生态文明环境的要求提高，以习近平同志为核心的党中央提出了"五位一体"总体布局和"四个全面"战略布局，强调要树立"绿水青山就是金山银山"的理念。随着生态文明建设持续推进、污染防治攻坚战深入开展以及"双碳"战略目标的有力推进，绿色物流得到了前所未有的重视。

（1）顶层设计指引绿色物流发展方向。

2014年9月，国务院印发的《物流业发展中长期规划（2014—2020年)》提出，将大力发展绿色物流作为七大主要任务之一。同年，由国务院提出了以渐进式推广绿色物流为核心的物流业转型升级方向。2016年国务院为完善政策法规体系，加大技术创新与研发投入，加强标准化建设和信息共享互通等方面来推进绿色物流事业的发展。2020年5月，《国务院办公厅转发国家发展改革委 交通运输部关于进一步降低物流成本实施意见的通知》提出，要积极发展绿色物流，深入推动货物包装和物流器具绿色化、减量化。2021年12月《"十四五"国家信息化规划》发布，提出了推动物流行业智能化、绿色化、可持续化发展的明确要求。2021年9月《中共中央 国务院关于完整准确全面贯彻新发展理念做好碳达峰碳中和工作的意见》发布，指出要以交通运输全面绿色低碳转型为引领，以提升交通运输装备能效利用水平为基础，以优化交通运输用能结构、提高交通运输组织效率为关键，加快形成绿色低碳交通运输方式，加快推进低碳交通运输体系建设，助力如期实现碳达峰碳中和目标，推动交通运输高质量发展。2022年5月，国务院办公厅公开发布了《"十四五"现代物流发展规划》，提出深入推进物流领域节能减排，加快健全逆向物流服务体系，全面推动绿色物流发展。提出绿色低碳物流创新工程，依托行业协会等第三方机构，开展绿色物流企业对标贯标达标活动，推广一批节能低碳技术装备，创建一批绿色物流枢纽、绿色物流园区。2021 年 10 月，《交通运输部关于印发〈绿色交通"十四五"发展规划〉的通知》明确提出绿色交通"十四五"发展具体目标。

（2）绿色供应链管理倒逼绿色物流发展。

绿色物流是开展绿色供应链管理的重要内容，绿色供应链管理倒逼绿色物流发展。2015 年 5 月，国务院印发的《中国制造 2025》首次明确提出打造绿色供应链，加快建立以资源节约、环境友好为导向的采购、生产、营销、回收及物流体系，落实生产者责任延伸制度。2017 年 10 月，《国务院办公厅关于积极推进供应链创新与应用的指导意见》提出要积极倡导绿色供应链，特别是要积极推行绿色流通，建立绿色物流体系和逆向物流体系。2020 年 8 月，《关于印发〈推动物流业制造业深度融合创新发展实施方案〉的通知》出台，在绿色物流领域，特别强调引导制造企业推动产品包装和物流器具绿色化、减量化、循环化；鼓励企业针对家用电器、电子产品、汽车等废旧物资构建线上线下融合的逆向物流服务平台和回收网络等。2021 年 3 月，商务部等 8 单位联合印发《关于开展全国供应链创新与应用示范创建工作的通知》，提出推动供应链绿色发展，特别是推动企业环境和碳排放信息公开，引导督促企业选择绿色供应商，实施绿色采购，针对重点行业积极打造绿色供应链。

绿色采购是推动绿色供应链发展的重要组成部分。2014 年 12 月《商务部 环境保护部 工业和信息化部关于印发〈企业绿色采购指南（试行）〉的通知》发布，指出要推进建设资源节约型、环境友好型社会，发挥市场配置资源的决定性作用，促进绿色流通和可持续发展，引导企业积极构建绿色供应链，实施绿色采购。2020 年 11 月国家市场监督管理总局、国家标准化管理委员会发布了四项绿色供应链的国家标准，包括采购控制规范、信息化管理平台规范、评价规范等。在物流领域，2020 年 6 月，《绿色产品评价 快递封装用品》（GB/T 39084—2020）正式发布，随后市场监管总局、国家邮政局发布了《快递包装绿色产品认证目录（第一批)》和《快递包装绿色产品认证规则》的公告，正式启动快递包装绿色产品认证制度。2020 年 12 月，《国务院办公厅转发国家发展改革委等部门关于加快推进快递包装绿色转型意见的通知》发布，提出要推行绿色供应链管理，推动相关企业建立快递包装产品合格供应商制度，鼓励包装生产、电商、快递等企业形成产业联盟，扩大合格供应商包装产品采购和使用比例。2021 年 4 月，《交通运输部办公厅 国家发展改革委办公厅 工业和信息化部办公厅 农业农村部办公厅 商务部办公厅 市场监管总局办公厅 国家邮政局办公室 中华全国供销合作总社办公厅关于做好标准化物流周转箱推广应用有关工作的通知》发布，指出要开展物流周转箱绿色产品认证，深入实施快递包装绿色产品认证制度，按照可重复使用型快递包装产品类别，对物流周转箱产品开展绿色产品认证，对通过认证的物流周转箱产品加施绿色产品标识。鼓励生产企业申请物流周转箱绿色产品认证，引导采购方选购使用获得绿色认证的物流周转箱产品。中国绿色包装器具标准、认证、采购制度，为推动全球物流包装行业绿色发展提供了中国方案。

（3）数字化技术驱动绿色物流发展。

习近平总书记指出，数字技术正以新理念、新业态、新模式全面融入人类经济、政治、文化、社会、生态文明建设各领域和全过程，正在成为重组全球要素资源、重塑全球经济结构、改变全球竞争格局的关键力量。2020 年《中共中央关于制定国民经济和社会发展第十四个五年规划和二〇三五年远景目标的建议》发布，提出要发展数字经济，推进数字产业化和产业数字化，推动数字经济和实体经济深度融合，打造具有国际竞争力的数字产业集群。随着现代物流的发展，以互联网、物联网、云计算、大数据、区块链等为基础的信息技术为物流行业企业提供强大引擎，结合新能源汽车、人工智能等科技，有力促进了各类要素在物流活动中的有机衔接，切实为物流行业企业降本增效，推进了物流行业绿色发展。

（4）绿色金融和碳金融为绿色物流提供资本市场。

绿色金融是指为支持环境改善、应对气候变化和资源节约高效利用所提供的金融服务，包括信贷、债券、基金等。近年来，中国绿色金融蓬勃发展，低碳经济中的绿色金融投放量持续增加。在绿色金融激励政策上，广州、湖州、衢州等六省九市绿色金融试验区以及深圳、天津、北京、江苏等地都出台了绿色金融激励政策。物流行业具有高度综合性，绿色物流涉及的很多实施环节都符合绿色金融支持的标准，例如，2021 年 4 月，《中国人民银行 发展改革委 证监会关于印发〈绿色债券支持项目目录（2021 年版）〉的通知》发布，统一了国内绿色债券支持项目和领域，进一步规范了国内绿色债券市场，推动了绿色债券标准与国际接轨，其中绿色债券支持项目目录中包含绿色建筑、绿色交通、绿色运营管理服务、环境权益交易服务、技术产品认证和推广服务等均与绿色物流实施路径息息相关。2021 年 5 月，《中国人民银行关于印发〈银行业金融机构绿色金融评价方案〉的通知》发布，将绿色债券纳入银行绿色金融评价体系。2021 年 12 月，我国生态环境部印发了《企业环境信息依法披露管理办法》，规定了企业是环境信息依法披露的责任主体，要求重点排污单位披露企业环境管理信息，污染物产生、治理与排放信息，碳排放信息，生态环境违法信息等八类信息，要求符合规定情形的上市公司、发债企业在披露八类信息的基础上，披露融资所投项目的应对气候变化、生态环境保护等信息。这些将持续推动物流行业绿色金融发展实践，引导和撬动金融资源流向绿色物流产业促进节能减排，是实现物流绿色低碳发展的有效举措。

碳金融起源于国际气候政策的变化，特别是《联合国气候变化框架公约》和《京都议定书》两个国际公约，是指服务于减少温室气体排放的技术和项目的直接投融资、碳排放权交易和银行贷款等金融活动。2020 年 10 月，生态环境部、国家发展和改革委员会、中国人民银行、中国银行保险监督管理委员会、中国证券监督管理委员会五部门联合发布《关于促进应对气候变化投融资的指导意见》，明确指出在风险可控的前提下，机构及资本积极开发与碳排放权相关的金融产品和服务，有序探索运营碳期货等衍生产品和业务。探索设立以碳减排量为项目效益量化标准的市场化碳金融投资基金。鼓励企业和机构在投资活动中充分考虑未来市场碳价格带来的影响。2021 年 7 月 6 日，全国碳排放权交易市场正式上线启动，虽然首批仅纳入电力行业，但航空物流企业也被纳入国家温室气体排放重点监控范围。

（5）人才培养支撑绿色物流发展。

伴随着物流行业发展日新月异，物流行业对于高素质人才的需求进一步加大。特别是碳达峰碳中和目标提出后，各行各业对绿色低碳方面的人才需求呈爆炸式增长，2022年4月教育部印发《教育部关于印发〈加强碳达峰碳中和高等教育人才培养体系建设工作方案〉的通知》，明确加强绿色低碳教育，将绿色低碳理念纳入教育教学体系；推动高校参与或组建碳达峰碳中和相关国家实验室、全国重点实验室和国家技术创新中心；加快紧缺人才培养等重点任务。同时，随着我国经济发展方式向绿色低碳转型，为支持全社会各行业落实"双碳"战略任务，开展碳资产管理，2021年3月，人力资源和社会保障部、国家市场监督管理总局、国家统计局发布了"碳排放管理员"等18个新职业。碳排放管理员包含但不限于下列工种：民航碳排放管理员、碳排放监测员、碳排放核算员、碳排放核查员、碳排放交易员、碳排放咨询员，是18个新职业中唯一的绿色职业。碳排放管理员新职业的发布标志着其正式列入国家职业序列，为建设一支专业化的碳排放管理人才队伍奠定了重要基础。

（6）能源变革奠定绿色物流路径实施基础。

能源是支撑运输、储存、装卸、搬运、包装、流通加工、配送、信息处理等物流活动的重要资源。节约资源、保护环境是我国的基本国策，"十一五"以来，国家每五年发布节能降碳约束性目标。2021年10月《国务院关于印发2030年前碳达峰行动方案的通知》发布，指出了明确的节能降碳约束性目标；即到2025年，非化石能源消费比重达到20%左右，单位国内生产总值能源消耗比2020年下降13.5%，单位国内生产总值二氧化碳排放比2020年下降18%；到2030年，非化石能源消费比重达到25%左右，单位国内生产总值二氧化碳排放比2005年下降65%以上。2021年9月《中共中央国务院关于完整准确全面贯彻新发展理念做好碳达峰碳中和工作的意见》发布，提出到2060年，能源利用效率达到国际先进水平，非化石能源（核电、风电、太阳能等）消费比重达到80%以上。

物流行业是支撑社会生产和居民生活的服务业，是能耗增长和碳排放增长最快的行业之一。2021年8月《交通运输部关于修改〈公路、水路交通实施《中华人民共和国节约能源法》办法〉的决定》发布，将公路、水路节能纳入交通发展规划。2021 年 12 月《国务院关于印发"十四五"节能减排综合工作方案的通知》发布，提出实施交通物流节能减排工程，优化完善能耗双控制度，推动绿色铁路、绿色公路、绿色港口、绿色航道、绿色机场建设。全面实施汽车国六排放标准和非道路移动柴油机械国四排放标准，基本淘汰国三及以下排放标准汽车。大力发展智能交通，积极运用大数据优化运输组织模式，到 2025 年，新能源汽车新车销售量达到汽车新车销售总量的 20% 左右，铁路、水路货运量占比进一步提升。2022 年 6 月《关于印发〈减污降碳协同增效实施方案〉的通知》发布，提出到 2030 年，大气污染防治重点区域，新能源汽车新车销售量达到汽车新车销售量的 50% 左右。而我国能源结构以煤为主，石油和天然气主要依赖进口，2021 年，石油和天然气对外依存度分别达到 71.9% 和 43%，已经远超和接近 50% 的能源安全警戒线。因此，在"双碳"目标和国家能源安全的双重因素驱动下，结合我国丰富的可再生能源禀赋，未来以风电、光电、光热为主的可再生能源将得到大力发展。

（7）核算报告节能降碳信息与社会责任驱动绿色物流发展。

核算报告节能降碳信息主要是物流实施主体要有能源消耗清单和节能降碳举措，统计和核算企业或项目层级的能源消耗总量和强度，及二氧化碳排放总量或强度。2018 年修正的《中华人民共和国节约能源法》规定重点用能单位应当每年向管理节能工作的部门报送上年度的能源利用状况报告。2021 年 3 月，生态环境部办公厅《关于加强企业温室气体排放报告管理相关工作的通知》要求，发电、石化、化工、建材、钢铁、有色、造纸、航空（包括航空物流）等重点排放行业的 2013—2020 年任一年温室气体排放量达 2.6 万吨二氧化碳当量（综合能源消费量约 1 万吨标准煤）及以上的企业或其他经济组织应在环境信息平台填报 2020 年度温室气体排放情况。

社会责任履行情况是指物流实施主体要定期发布含绿色物流的报告，如企业社会责任报告（CSR）以及环境、社会和公司治理（ESG）报告，且报告公开可获得，或公开宣传自身绿色物流实践行动，积极营造绿色物流发展文化。2020 年，沪深交易所先后发布相关指引或办法，鼓励上市公司主动披露相关信息。2022 年 5 月，国务院国有资产监督管理委员会产权局发布《提高央企控股上市公司质量工作方案》，提出国有企业要贯彻落实新发展理念，探索建立健全 ESG 体系。

（8）标准化加速绿色物流规范发展。

2021 年 10 月中共中央、国务院印发了《国家标准化发展纲要》，提出要完善绿色发展标准化保障，建立健全碳达峰碳中和标准；强化绿色消费标准引领，完善绿色产品标准，建立绿色产品分类和评价标准。2023 年 3 月，《国家标准化管理委员会关于印发〈2023 年全国标准化工作要点〉的通知》指出，加快多式联运、绿色物流、冷链物流、跨境电子商务快递服务等现代物流领域标准制修订。国家标准《绿色物流指标构成与核算方法》（GB/T 37099—2018）由全国物流标准化技术委员会于 2018 年提出并归口。2021 年新修订的国家标准《物流术语》（GB/T 18354—2021）中增加了绿色物流，象征着绿色物流正式成为物流行业通识并形成明确的业务范围。之后，围绕绿色物流的一系列国家标准、行业标准和团体标准均在陆续制定中。中国绿色物流发展政策环境如图 3-1 所示。

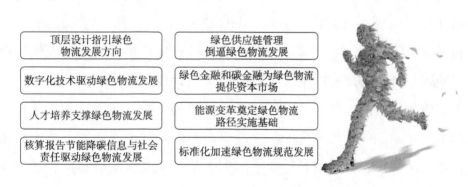

图 3-1 中国绿色物流发展政策环境

第三节 国内外绿色物流发展需求

绿色物流是在多种市场需求联合推动下发展而来的。从企业自身、供应链合作伙伴、社会民众等角度来看，他们对绿色物流的需求主要体现在以下方面。

1. 企业自身发展的需求

随着全球经济发展和环保意识的提高，物流企业迫切需要通过发展绿色物流实现以下目标。

（1）降低成本和提高效率。

物流企业的主要业务是货物运输和仓储管理，这些环节通常需要大量的能源和资源，同时也会产生大量的排放物。采用绿色物流可以减少能源使用、减少废弃物的排放，实现能源和资源的节约，降低二氧化碳等温室气体的排放量，从而降低企业的成本并提高效率。

德迅是全球较大的货运代理公司之一，世界上较大的无船经营的公共承运人，其致力于提供环保且可持续发展的供应链解决方案。德迅制定了两个重要的碳中和目标：第一，自 2020 年起，力争实现直接碳排放的中和［参考《温室气体议定书》（GHG Protocol）里约定的范围一和范围二］；第二，到 2030 年年底，德迅通过积极参与解决包括航空公司、船公司以及集装箱拖车公司在内的承运商服务所产生的碳足迹问题，实现承运商和客户的碳足迹抵消［参考《温室气体议定书》（GHG Protocol）范围三］。德迅的碳中和路径包括碳排放可视度、碳减排和碳抵消。可视度是指了解自身在供应链每一步中的碳足迹，德迅在线集装箱海运服务平台使客户能够优化路线，并选择二氧化碳排放量最低的服务，以减少对环境的影响；碳减排是指通过持续进行的培训计划、使用可再生能源、减少商务出差和废弃物产生等途径落实减少碳排放的承诺；碳抵消是指对于前期无法避免产生的碳排放，通过在全球范围内投资致力于实现联合国可持续发展目标且经过认证的绿色环保项目，来减少碳足迹，德迅绿色物流解决方案如图 3－2 所示。

德迅提供使用可持续航空燃料（SAF）的空运方案，是市场上具有严苛标准认证的碳抵消项目。相比传统航空燃料，可持续航空燃料是更为清洁的替代品，具有与常规喷气发动机所用燃料煤油几乎相同的特性，可持续航空燃料可以与最多 50% 的传统煤油安全地混合，目前已在许多航班上投入使用。可持续航空生物燃料是由有机生物质（废物和低碳含量的原料）所生产的，而用于生产可持续航空合成燃料的主要能源和原料为可再生电力、水和二氧化碳，

CO₂ 替代能源

CO₂ 航班执行飞行任务

分类并预处理

飞行中排放的二氧化碳被吸收用作可替代能源的来源

飞机在机场添加燃料

提炼可持续燃料

可持续航空燃料和矿物燃料的储存与混合

图 3−2 德迅绿色物流解决方案

可以减少 75%～90% 的碳排放。2022 年 5 月 24 日，德迅与阿迪达斯建立长期战略合作伙伴关系。基于双方的战略合作基础，德迅在意大利北部的曼托瓦市，为阿迪达斯打造碳中和运营中心，提供高度自动化、全渠道服务，满足阿迪达斯对于订单快速、灵活处理的要求。整个运营中心采用 100% 可再生能源供电，同时，该中心还采用了可持续利用的包装材料和工艺，从而减少整体资源消耗，降低二氧化碳排放，同时确保业务高效运作。

（2）提高企业形象和竞争力。

绿色物流可以树立企业的环保形象，从而提高企业的竞争力。经济发展在提高人们生活水平的同时也改变着国民的生活习惯，更多的社会民众在选择产品服务时会倾向选择包装可循环利用、环境友好的产品。对于物流企业来说，物流系统的绿色化将为企业赢得良好的绿色声誉，从而得到广大公众的认可，赢得更多客户。因此打造绿色物流也是一个物流企业提高企业形象、加快转型升级的重要战略。

马士基是全球最大的国际航运企业，2022 年 1 月，其官方正式提出了2040 年实现温室气体净零排放的脱碳目标，距离 2018 年 12 月马士基提出2050 碳中和目标仅过去 3 年左右，马士基将脱碳时间表向前推进了整整10 年。

马士基坚持零碳道路的背后是强大的客户需求和推动力，2021 年，马士基订购 12 艘 16000TEU 的甲醇双燃料集装箱船，得到了亚马逊、迪士尼、惠普公司、联合利华等重要客户的坚定支持和运力需求。同时，为保障绿色甲醇燃料的供应，马士基与中集安瑞科控股有限公司（CIMC ENRIC）、欧洲能源（European Energy）、绿技行（上海）科技发展有限公司（Green Technology Bank）、瑞士能源公司 Proman、丹麦再生能源公司 Orsted 和美国低碳燃料公司 WasteFuel 建立战略合作伙伴关系，旨在采购绿色甲醇。同时，马士基也积极探索电动船舶应用，2022 年，马士基海洋服务公司（Maersk Supply Service）和丹麦海上风电巨头沃旭能源（Orsted）计划于 2022 年第三季度在海上风力发电场部署世界上第一个全尺寸船舶浮标"充电桩"，为推动该项目实施，马士基海洋服务公司新设立了海上船舶充电企业 Stillstrom，用来开发其海上充电站并将其商业化。Stillstrom 目前正在建造其海上充电浮标的原型，该原型装置可产生不到 1 兆瓦的电力，能够将来自电网的高压电力转换为适合船舶使用的低压电力。

此外，马士基积极加入并了解国际航运相关组织动态，如零排放联盟和零排放船舶货主联盟，与上下游供应链企业共建绿色低碳发展生态圈。

2019 年，零排放联盟（Getting to Zero Coalition）在纽约举行的联合国气候行动峰会（UN Climate Action Summit）上成立，该联盟由海事、航运、物流、能源、基建、金融等行业中的领军企业组成，如马士基、德迅、联合利华、嘉吉、壳牌、曼恩等。该联盟承诺，到 2030 年，在必要基础设施的支持下，在远洋贸易航线上，运营具有商业可行性的零排放船舶，旨在加速实现航运业碳减排目标。该目标与国际海事组织（IMO）战略目标紧密相关，IMO 曾在 2018 年提出国际航运温室气体排放初始战略，即到 2050 年，国际航运业的年度总温室气体排放量将比 2008 年至少降低 50%。

2021 年，零排放船舶货主联盟（coZEV）成立。该联盟由亚马逊、宜家、联合利华、米其林等为主的国际航运托运人组成。该联盟承诺，到 2040年，仅使用零碳海运的意图，并呼吁政策制定者采取行动支持航运业的清洁能源转型。

（3）符合环保法规和标准。

随着环保意识的不断提高，各国政府和国际组织对于环保的要求也越来越高,企业必须遵守相关法规和标准才能获得政府和国际组织等的支持和优惠政策。采用绿色物流可以降低企业的环境污染和能耗,符合环保法规和标准,为企业获得政府和国际组织等的支持和优惠政策提供了保障,可以为企业带来更好的发展前景。

2019 年 10 月,京东物流宣布加入科学碳目标倡议(SBTi),成为国内首家承诺设立科学碳目标的物流企业。京东物流基于绿色高效的供应链,在运输、仓储、包装、回收等方面进行低碳节能实践,致力于建立全球商业社会可持续发展共生生态。在 2020 年提出"到 2030 年,京东的碳排放量与2019 年相比减少 50%"的总体目标下,在 2021 年的 ESG 报告中,京东分别从绿色运营、低碳供应链、可持续消费等领域提出了"减碳 2030 行动目标"。

在绿色运配方面,逐渐用新能源物流车替换传统燃油厢式货车深入布局"绿色之路"。截至 2021 年 4 月,京东已在全国 7 个地区的 50 多个城市投放新能源汽车。按照目标,到 2030 年,京东会将物流车 100% 替换更新为新能源物流车。在绿色仓储方面,通过布局屋顶分布式光伏发电系统,在物流营业场地大力推广太阳能等可再生能源,京东西安"亚洲一号"智能产业园成为我国首个"零碳"物流园区。在绿色包装方面,减少包装耗材的使用,致力做到全场景、全链路使用环保材料或可再生材料。截至 2021 年年底,京东物流带动全行业减少一次性包装用量近 100 亿个。京东提出,预计到 2030年推动 80% 以上的上游品牌企业开展环保包装研发。在伙伴赋能方面,在做好自身绿色环保的同时,将通过科技手段赋能合作伙伴。在供应商绩效评价环节,京东会针对绿色采购品类设置相应的环保考核条款,并对供应商在环境保护、资源节约、企业社会责任、可持续发展等方面的表现进行监督。同时,京东也建立了绿色采购供应商负面清单机制。进入绿色采购供应商资源管理库的供应商若出现负面清单中所列情形或其他环境问题,京东将依规定暂停采购或终止采购合同。

(4)实现可持续发展。

绿色物流不仅可以降低企业的成本、减少环境污染,还可以实现企业的可持续发展。物流开展企业绿色物流，践行绿色发展理念，是展示企业在追求经济效益、实现企业自我发展的同时，承担对经济、环境和社会可持续发展的社会责任。通过绿色物流实践，企业可以积极参与环保事业，为社会和环境作出贡献，实现经济、环境和社会的协调发展。

德国邮政敦豪集团正在加速去碳化进程，将在未来十年内投资 70 亿欧元（含运营支出和固定资产支出）用于减少二氧化碳排放。相关投资将主要用于开发利用航空替代燃料、扩大零排放电动车车队规模和建设更多环保建筑。据 DHL 测算，在未落实全新可持续发展路线图相关举措的情况下，2030 年碳排放总量将约为 4600 万吨。未来，全球物流业务预计仍将继续保持强劲增长，DHL 通过实施 2050 年"零排放"战略，致力于实现到 2030 年，将碳排放量减少至 2900 万吨以下。DHL 快递中国区在发展绿色物流方面取得多方面实质性成果。2020 年，DHL 快递中国区取派件碳排放效率较上一年提高 7.9%。截至 2020 年年底，已实现 15.8% 的清洁能源派送覆盖率，车队中电动车比例达 13.6%。

在航运物流领域，DHL 全球货运公司加入联合航空可持续航空燃料计划，进一步增强其绿色战略。到 2030 年，可持续燃料将至少可以满足其航空与航线运输业务 30% 的燃料需求。在海运物流领域，亚太地区对海运服务需求强劲，DHL 为客户推出了全新脱碳服务，客户可在国际海运服务中采用可持续的海洋生物燃料，实现整个海运航线脱碳。在补偿减碳层面，DHL 和非营利性组织"智能货运中心"（Smart Freight Centre）联合发布了一份聚焦"碳嵌入"计划的白皮书，倡导为可持续燃料、车队更新、发动机改造和能效等项目引入碳补偿资金。这为加快货运脱碳系统的建立指明了方向，为行业的脱碳项目回流分配了更多的资金，以解锁开发更环保的物流技术。在管理创新层面，DHL 董事会与监事会将在下个年度股东大会上提议，将董事会成员的薪酬体系与集团可持续业务发展情况更加紧密地联系起来，在计算董事会成员薪酬时将考虑 ESG 目标达成情况。

2. 供应链合作伙伴的需求

在全球可持续发展理念下，制造商、批发商、零售商等供应链合作伙伴对于绿色物流比以往有着更加迫切和明确的需求。主要原因有以下几个方面。

（1）合规和社会责任。

越来越多的国家和地区出台了环境保护相关法律法规，对企业提出了更高的绿色环保要求。为了遵守相关法律法规并履行企业社会责任，供应链合作伙伴需要采用绿色物流来降低碳排放、能源浪费等负面影响。

作为美国的科技公司，苹果公司承诺到2030年实现100%碳中和，即到2030年在其运营和整个供应链中完全消除碳排放。自20世纪90年代苹果公司就开始关注绿色发展问题，1990年，苹果公司提出了环境保护、可持续发展政策，承诺将绿色环保融入供应链体系。1996年，苹果公司在美国的首个生产基地成功获得了环境管理体系证书，也首次将绿色管理引入供应商生产管理中，开始生产工厂内部的绿色制造革命。2000年，苹果公司完成了绿色转型，所有的生产基地都获得了环境管理体系认证，并颁布了《供应商行为准则》，详细规定了供应商的社会责任。与此同时，苹果公司还强化绿色产品设计研发，2006年开始率先使用更加节能的LCD显示屏代替CRT显示屏，此后绿色设计成为苹果产品设计主流和创新特色。2009年，苹果公司又宣布成为全球第一家公布碳排放量的公司，对外公布主要供应商名录，要求所有供应商符合碳排放标准，接受社会监督。随后苹果公司又联合供应商启动"清洁水资源"行动，实施废弃物减量项目，逐步实现废弃物循环利用；并于2020年宣布在全球的业务运营实现碳中和。

苹果公司的产品依靠一条复杂的全球供应链，但公司仍致力于未来的产品只使用可循环利用和可再生的材料。并将可再生能源使用推广至供应商层面，全球已有213家生产合作伙伴承诺使用100%可再生能源生产苹果产品。与此同时，公司也积极致力于水资源管理和废弃物零填埋的工作。2022年4月，苹果公司宣布对可再生材料的使用率再创新高，产品首次采用了认证再生金，并将再生的钨、稀土元素和钴的用量增加了一倍多，例如：iPhone 13主板和电池的焊料采用100%再生锡，磁体采用100%再生稀土元素。

为了帮助更多供应商了解和转向清洁能源，苹果公司也启动了业界首创的投资基金。为了能让供应商获得准确的信息流，构建了一个可以与供应商共享生产要求和计划进程的数据管理系统，经过认证的供应商可以随时通过数据管理系统获取苹果公司的最新采购需求，直接进行生产；供应商供货的同时，必须将废物管理、材料采购、节能减排等关键信息上传到数据管理系统中，便于苹果公司根据相关数据对供应商进行评估和监督。

苹果公司98%的碳排放量和产品相关，为了更好地实现绿色环保和节能减排，以"Scope1+Scope2+Scope3"全产业链碳排放作为基准（见图3-3），不仅要求自身业务运作实现碳中和，要求上至供应商原料采购、下至消费者的日常使用，在整个产业链的维度上实现碳中和。将可持续发展理念贯穿于产品全生命周期，对各运营环节进行垂直化整合；把好绿色设计关，实现绿色采购、绿色运输、绿色消费、绿色回收等全流程绿色管理；建立供应商审核机制，陆续将二级、三级甚至四级供应商纳入监管范围，将绿色管理向供应链上下游企业延伸，把整个供应链企业协同纳入绿色管理体系。

Scope1	Scope2	Scope3
企业运营生产过程中产生的直接排放	除Scope1外所消耗能源的间接排放	除Scope1、Scope2外，企业自身业务以及其上下游所产生的间接排放
通常包括企业自身的运输、生产线以及其他直接的碳排放来源	主要是指企业购买的电力、热力和蒸汽等	最广泛的一种衡量标准，包括了供应链、产品使用、产品废弃等各个环节

图3-3 苹果公司"Scope1+Scope2+Scope3"全产业链碳排放

（2）满足客户需求。

随着消费者对产品质量和健康安全、环保等方面的要求越来越高，对供应链合作伙伴而言，推行绿色物流已经成为满足客户需求的一种必然选择。特别是对于那些关注企业可持续性和环保问题的客户，他们更加关注供应商企业的供应链是否能进行可持续经营，并在此方面采用了绿色物流。

宝马（BMW）是首家提出从产品全生命周期角度实施碳减排的汽车公司，将可持续理念贯穿于设计开发、供应链、生产、使用到回收阶段，倡导以技术创新驱动绿色转型。同时，宝马也提倡循环经济和实现资源的循环利用。宝马设定了透明而宏伟的减碳目标：预计到2030年平均单车全生命周期碳排放量较 2019 年降低 40%，减碳总额达 2 亿吨。

具体贯彻落实了"绿色环境、绿色能源、绿色运营、绿色践行"四个方面，将日常业务变得更加绿色可持续。其中，"绿色环境"是指通过采用高效设备、绿色家具建材、个性化设计等措施，为顾客营造绿色环保、安全舒适的全新体验；"绿色能源"是实现经销商碳减排的主要举措，要求经销商至少 80% 的日常用能为绿色能源电力；"绿色运营"即结合经销商业务实际，鼓励经销商在日常运营中挖掘减碳潜力；"绿色践行"则围绕"绿色倡议、企业社会责任、绿色传播、可持续发展培训和绿色生活方式"五个主题开展丰富多彩的活动，让更多的员工和客户参与其中。

BMW 在华建设"绿色零件仓库"。从建设之初，便进行了节水、节能等方面的精心设计和考量：通过屋面雨水收集系统，雨水在仓库顶部被回收，储存在专门设置的水箱内。在节能方面，所有建筑使用 LED 照明，确保高发光效率和低照明功率密度。仓库内部照明采用区域控制和定时控制结合的方式。自然采光的设计和动作感应 LED 照明系统的使用，显著降低了能源消耗，极大地减轻了仓储运营产生的碳足迹。在零件运输方面，BMW 致力于将售后零件物流环节的运输距离降到最低——通过循环配送路径规划方式，将运输距离、时效、有效载荷、车辆等因素纳入综合考量，向特定范围内的经销商进行配送。

在仓储管理方面，顺应新数字化物流行业的升级需求，从入库到出库、从信息流到物流，每一个工作流、每一个细节都做了严格的认证和分析。BMW 运用了行业领先的 VNA（Very Narrow Aisle，超窄通道技术）等解决方案，确保仓库内各个零部件能够更加准确地运送到不同的定点仓储区域。精细化的分发及仓储，在确保运转效率的同时，也保证了零件的存放安全。自动传输系统的使用，让 BMW 宁波零件配送中心在前期多种备选布置方案中，实现了最少触碰次数、最短零件移动距离和最快出库速度，进一步达成了高效运作的目标。

（3）降低供应链成本。

很多供应链合作伙伴对于物流成本非常敏感。这些企业希望通过优化物流运营、提高运输效率、减少物流能源使用等方式来实现绿色物流，进而有助于降低供应链物流成本。物流成本的节省，可以有效地提高整个供应链的稳定性并减少浪费。

鞍钢是最早建成的钢铁生产基地，是钢铁行业中唯一一家荣获"绿色物流创新引领企业"称号的企业。鞍钢以钢铁物流"集约化、减量化、标准化、绿色化"为发展方向，建立健全环境管理体系。在提升能源使用效率的基础上，大力实施可再生能源替代，淘汰落后产能，深挖节能降碳潜力，实现资源减量化、排放无害化、能源清洁化、环境生态化，加速实现绿色发展和高质量发展。

在钢铁物流绿色发展实践中，为充分提升能源使用效率，鞍钢积极探索开展节能项目。一是推动实施"以气代煤"，充分利用煤气资源，提升二次能源回收利用水平，压减动力煤消耗。2021年动力煤消耗24.3万吨，同比减少29.7万吨。二是通过调整运输结构，着力推进钢铁产品运输"散改集""公改铁"，铁路运输占比、集装箱发运量逐年提升。2021年，鞍钢首次尝试干熄焦运输领域，实现货物零倒装，焦炭损耗由10.4‰下降至0.63‰，损耗率降低94%，为干熄焦运输开创了一种更环保、更低成本、更少损耗的物流方式。三是积极推进卷钢集装箱简包装、C70E车型钢矿循环专组、焦炭散改集陆海联运等钢铁绿色物流项目，为企业绿色发展、降低物流成本注入了新的活力。此外，发行绿色债券和实施景观环线绿化工程，助力实现国家"双碳"目标。

为实现低碳发展，鞍钢集团规划"双碳"工作路径、健全管理架构、开展LCA平台建设、探索绿色金融。全力降低温室气体排放，在减碳降碳领域积极探索，助力钢铁行业绿色低碳发展（见图3-4）。截至2023年6月末，鞍钢集团能源指标水平稳步提升，吨钢综合能耗同比降低2.36%，吨钢耗新水同比降低1.72%，万元产值综合能耗（可比价）同比降低1.66%；环保指标持续优化，氮氧化物、COD（化学需氧量）、氨氮排放量分别同比降低7.77%、19.80%和20.19%。

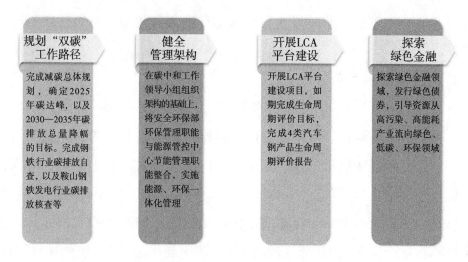

图 3 - 4　鞍钢"碳足迹"

（4）提高效率和质量。

绿色物流一方面能提高运输效率，使供应链合作伙伴及时满足客户需求；另一方面，通过降低运输中的风险和损失以及减少废物等方式，还可以提高服务质量，让供应链合作伙伴获得更广泛的市场份额和竞争优势。

百威啤酒是全球最大的啤酒酿造商，在中国市场的年销量增幅达到了50%以上。为了能够以更快的速度把最新鲜、高质量的啤酒供应给消费者，百威以贴近消费者为出发点进行供应链布局，在全国建设了26家规模酒厂和2家精酿酒厂（不含合资品牌）、15家分销中心，销售网络覆盖全国。

2019年百威亚太提出"Brewery of Future（未来酒厂）"的理念：通过供应链物流新技术转型、数字化新技术转型以及传统技术升级、补差，打造理想中的"未来酒厂"。2020年，百威亚太首家以"绿色智能"为主题的新型啤酒工厂——百威温州工厂正式投料生产。

为了满足啤酒物流自动化的特殊要求，百威对场地条件、业务特点、物流需求等，做出了产品下线后端的整套自动化物流解决方案，包括自动化高架库、一轨双车的密集库、AGV系统和后台支撑的WES系统、WCS系统。2020年，百威亚太地区首座"绿色智能"标杆工厂在浙江温州投产建成，实现了生产流程管控、质量检测、仓储物流等环节的自动化、智能化。特别是自动化立体库和AGV解决方案的投入使用，实现了包材配送和成品出入库的高度自动化作业，助力啤酒工厂物流自动化与智能化升级，增效降本效果显著。

3. 社会民众的需求

英敏特公司（Mintel）发布的数据显示，2019 年有 68% 的美国消费者表示，有兴趣购买更绿色、可持续的产品和服务，而且消费者普遍认为可持续性是一个重要的购物决策因素，其中一半的消费者表示他们愿意为环保产品支付更高的价格。爱克林（Ecolean）于 2020 年公布的一份市场调查报告显示，74% 的受访消费者认为企业应该为环境出力，同时该报告还指出，消费者越来越看重产品包装的环保特性，超过 70% 受访者认为，使用创新型包材和高效的包装系统对环境友好。艾媒咨询（iiMedia Research）的报告数据显示，2022 年中国消费者对绿色物流普及态度中，63.6% 消费者表示普及绿色物流十分必要。《2022 中国可持续消费报告》指出，有近 80% 消费者了解或大体知道"双碳"目标，77.08% 的消费者在了解到产品可持续正面信息时会更愿意购买，84.78% 的消费者在了解到产品可持续负面信息时会考虑放弃购买，47.19% 的消费者希望可以在每件商品上看到这件商品的碳排放量及资源损耗情况，43.53% 的消费者希望可以更容易地了解到企业对社会与环境影响的相关信息。由此可见，随着人们环保意识的不断提高，全球消费者对包括绿色物流在内的可持续消费呈现快速增长态势，对于绿色物流相关方企业而言，这是一种挑战，同时也为企业的未来发展提供了新机遇。

第四节　绿色物流发展挑战

绿色物流发展，对于保护环境、推动经济发展和提高社会效益等方面具有重要意义，但是，绿色物流发展仍面临着一系列挑战。

1. 绿色物流理论研究不足

绿色物流在我国发展的时间不是很长，这在一定层面上导致我国的相关理论研究还比较薄弱。理论研究的成果转化缓慢，结合中国情境的高质量研究仍不足。国内物流企业对绿色物流内涵和评价标准了解不深，较难制订出科学有效的绿色物流行动计划，延滞了物流行业的绿色发展。同时，在标准研制方面，尽管国家和地方近年来发布了一些相关标准，但是仍然存在物流企业分类标准和绿色物流评价标准模糊不清，缺乏更全面和细化的标准来指导企业和组织开展绿色物流实践。虽然我国积极推动对接国际绿色低碳标准，主动参与全球气候和环境治理，然而相关绿色物流国际国内标准的协调对接和国际标准化合作尚显不足。

2. 绿色物流全局意识不足

绿色物流的运营涉及多个环节，包括物流需求侧、供应侧和服务侧等多个方面。然而，目前很多企业在绿色物流运营中仍然只注重自身利益，缺乏供应链全局视野，从而导致绿色物流的实施效果不尽如人意。另外，绿色物流覆盖运输、储存、包装、装卸、搬运、流通加工、配送、信息处理等多种活动，而目前一些物流实施主体往往侧重于部分物流活动和部分设施设备，缺乏对所有物流活动系统性的要求、管理和运营指导，阻碍了绿色物流的持续改进。还有部分企业在绿色物流运营中往往只考虑物流成本问题，忽略了绿色物流的社会效益和环境效益。

3. 绿色物流发展驱动力不够

政府层面，对于绿色物流发展的专项政策支持和激励措施尚不充分，强制性的环境法规、减排目标等不足，导致一些企业对绿色物流的投资意愿不高；资本层面，绿色物流需要较长的回报周期，而资本市场往往追求短期回报，这导致资本市场对于绿色物流项目的投资意愿不足；供应商与客户层面，由于一些企业和消费者还没有意识到物流绿色转型发展的重要性和社会经济效益，因此，短期内部分企业对于绿色物流的需求并非十分强烈；企业自身层面，考虑到投资回报率、融资风险和绿色发展的技术瓶颈等问题，一些企业更希冀于保持现有的物流发展水平。

4. 绿色物流面临成本投入挑战

绿色物流需要使用更加环保、节能的设施设备、技术和材料，并且还需要进行维护与更新等，这涉及大量投资。例如，在运输车辆方面，需要采用新型动力系统或混合动力系统等技术来减少尾气排放；在仓储设施方面，则需要建造符合节能要求，具有自然通风、太阳能供电等特点的库房。同时，为保证绿色物流的环保、节能效果，物流过程中各个环节的监管和管理成本也有所增加。例如，智能运输系统需要使用先进的传感器和通信技术，以提高运输效率和减少能源消耗；可再生能源设备需要采用高效的太阳能电池板或风力发电机等，以提供可靠的清洁能源。此外，复杂配送网络的建设和维护、绿色物流技术创新与管理创新，以及相关的人力资源成本都相对较高。例如，选择物流运输路线与包装材料、建立充电站等，以保证物流效率和效果；绿色物流所需人员需要精益求精地控制各个环节中可能产生污染或浪费资源情况，并且还要进行数据分析与评估工作来持续改进各个环节的细节以确保效率和效果。综合上述情况会使企业的短期成本明显增加，这在一定程度上影响了企业发展绿色物流的积极性。

5. 绿色物流运营能力亟须提升

绿色物流运营是指在保证物流高效和服务质量的前提下，采用节能环保技术和设备，降低物流过程中对环境产生的污染和损害，并减少企业资源浪费。其基本目标是实现经济效益最大化和环保效益最优化的有机结合。然而目前一些企业的绿色物流信息计量、采集、统计、分析、报告等基础薄弱，采用物联网、大数据、云计算、人工智能等技术的范围和深度都有待加强，特别是能源和碳管理能力不足，阻碍了能源资源节约化和高效化利用。例如监控和控制物流供应链环节的数据技术相对较弱，对物流污染和能源使用的数字化跟踪与智能化分析的应用深度均有待提升。

6. 绿色物流专业人才十分短缺

当代物流企业的竞争，归根结底就是物流人才的竞争。在当前的社会环境下，绿色物流已经成为未来发展的趋势，但是由于该领域的专业性较强，因此企业很难招聘到掌握绿色物流国家标准、能够进行物流企业碳排放核算和能源计量等相关经验和技能的人才。这就导致企业在绿色物流方面的规划、设计、建设和运营等方面存在一定的困难。目前国内绿色物流人才的培养模式还不够成熟，绿色物流人才的培养数量和质量都存在不足。各类院校虽然设有物流专业，但是开设绿色物流类课程或者专题的专业教育非常缺乏。

7. 绿色物流管理体系不健全

在推行绿色物流时，部分企业缺乏明确的目标和策略，没有明确的指导方针、具体措施和实施路径；缺乏内部组织和责任体系，导致绿色物流管理无法得到有效的整合和执行；缺乏适应性和可持续性，不能采用相应的机制和流程来识别和应对变化，并在实践中进行持续改进；缺乏绩效评估和监控，不能采用科学指标和评估方法来准确评估和监控绿色物流绩效；缺乏员工参与和培训，无法使员工根据必要知识和技能有效参与绿色物流管理。

第五节　本章小结

物流业是融合运输、仓储、信息等产业的复合型服务业，是国民经济发展的动脉和先导性、基础性、战略性产业。据统计，2022 年中国物流业总收入占 GDP 的比重为 10.5%，占服务业增加值比重为 19.9%。全国社会物流总额实现 347.6 万亿元，同比增长 3.4%。其中，再生资源及单位与居民物品物流总额保持较快增长速率。在新冠疫情对经济影响的冲击下，物流行业依然保持增长态势。随着供应链的全球化和电商的快速发展，物流行业正面临激烈的市场竞争、消费者高品质的服务需求和低碳环保发展的必然选择，因此，物流企业应从数字化转型、智能化升级、绿色化运营、营销策略创新、组织体系创新和供应链升级六个方面入手，推进绿色转型发展，加强技术创新和管理创新，实现自身内部运营的效率提升和外部服务质量的优化。

从生态、政策、经济、技术、市场和文化等方面来看，发展绿色物流已经成为人类生态环境保护的时代呼唤，联合国、中国、美国、日本、欧盟等很多国家、地区和组织都出台政策，促进包括推动绿色物流发展在内的环保事业发展。经济全球化成为绿色物流发展的助推器。太阳能光伏、物联网、大数据、云计算、人工智能、自动驾驶等各种新技术的出现和应用，为实现低碳环保物流提供了有力支撑。消费者、供应链合作伙伴等对绿色物流的要求也越来越高。在企业自身、供应链合作伙伴、社会民众多种市场需求的联合推动下，物流的绿色转型是新低碳时代发展的必然选择。

第四章 绿色物流发展主要举措

第一节 清洁能源应用

1. 加大可再生能源应用，能源消费向电气化和智能化发展

根据我国陆上区域水平面总辐射分布图，结合外运仓库资源分布，筛选光照条件适宜建设屋顶光伏的区域，利用物流园区屋顶资源，大力发展太阳能光伏发电项目。分析仓库类型及用电需求，配套建设储能设施，推广光储充、风光储充一体化建设。安装光伏发电系统自发自用能节省高额工业用电费，符合国家产业政策要求的同时还可以享受光伏发电补贴，降低了入驻商家的运营成本；还可为园区内电动叉车、电动卡车建立充换电设施，直接消化绿色电力。建设模式主要包括自发自用、屋顶出租及打折电价两种。推进码头可再生能源发电建设，提高靠港船舶岸电使用率，加快推进港口绿色发展，系统提升岸电设施应用水平。

物流园区可再生能源的应用案例非常广泛。目前，菜鸟国内安装了光伏发电设备的物流园区有 6 个，覆盖园区屋顶 30 万平方米，2021 年全年发电量 2573 万千瓦时，节省燃煤量 9263 吨，减少碳排放 16437 吨，相当于植树造林 45 公顷。发电量远超园区用电需求，所产绿色电能的 35% 自用，65% 的多余电量输送到了国家电网，余电可满足 2 万人的居民用电。另外，截至 2021 年年底，京东已在全国 12 座新建、自营的运营中心"亚洲一号"建设了约 100 兆瓦（MW）的光伏发电能力，未来 3 年将搭建起 1000 兆瓦的光伏发电能力。这些绿色能源不仅供园区使用，还以"汽车＋充电桩＋光伏"的项目试点，为电动车充电。鞍钢充分利用沿海建厂区位优势，在沿海厂区开发利用可再生自然资源,大力开发利用风能、太阳能和海水资源。应用清洁能源,降低资源消耗,减少污染物排放。普洛斯在全球共拥有超过 173 万平方米的屋顶光伏,总装机量达到 122 兆瓦。2020 年上半年,普洛斯并网发电装机量约 34 兆瓦,同比增长了 113%。天津港集团积极构建绿色能源模式,成功发布全球首个智慧零碳码头,"风光储荷一体化"绿色能源系统实现并网,实现绿电 100% 自主供应、全程零碳排放;36 个泊位实现岸电覆盖,全部自有港作船舶靠泊 100% 使用岸电,船舶低硫油使用率达到 100%;2019—2023 年天津港集团自有清洁能源集卡数量年均增长率超 400%,新能源及国六排放标准车辆比例达到 83.85%,低排放港作机械占比达到 100%。

2. 中/重型货车能源消费清洁化

企业应加快淘汰国三及以下排放标准柴油货车,特别是京津冀及周边地区、汾渭平原等重点区域。加快淘汰低排放标准柴油货车,可以逐步提高国六柴油车占比。逐车摸排未淘汰车辆实际情况,登记造册、逐车销号,确保落实安全生产主体责任,规范经营行为。积极争取国家和地方政策支持,加大企业资金投入,确保淘汰国三中重型柴油车工作落到实处。推动实施重型柴油车国六标准,逐步将国五以下柴油重卡替换为国六柴油重卡。国六标准重型车都安装了排放远程监控设备,可以有效控制污染物排放并实现远程监控,有助于企业履行社会责任。同时重污染天气应急期间,国六车和新能源车一样具有通行优势,国六标准提出了排放和油耗联合管控要求,不会产生油耗增加的问题。纵观国六柴油重卡市场,2021 年 7—12 月,国六柴油重卡平均月销量达到 2.55 万辆,平均增幅达 152%。2023 年第一季度平均月销量再创新高,达到 3.18 万辆。物流企业应落实国家政策要求,用国六柴油货车替换老旧柴油货车,实现节能减碳和环境保护。

2021 年 10 月,陕汽重卡和顺丰速运 2000 辆国六载货车战略合作暨首批陕汽德龙 L3000 国六载货车,举办交车仪式。顺丰速运作为国内快递物流行业的领军者,对车辆的选型有着高标准的要求。商用车进入国六时代,顺丰速运和陕汽重卡的合作,引领了快递物流行业车辆的整体升级。随着国六标准的落地,不少大型物流公司为了抢占中高端物流市场的竞争制高点,大批量购买国六柴油重卡车型，国六柴油重卡舒适性好，比较节油，可靠性较高，能更好满足客户对运输货物高效、安全和快速送达的需求，有利于物流企业在激烈的中高端公路物流运输市场中占据一定优势。

在物流园区、场站、码头等库区布局配套建设新能源和清洁环保车辆充（换）电、加气和加氢辅助设施，为新能源和清洁能源重卡提供有效支撑，积极推广使用 LNG（液化天然气）、电动和氢能等中重型卡车，促进交通用能的多元化发展，实现能源结构调整和碳减排。LNG 重卡的使用成本较柴油车低，比汽油、柴油的综合排放量降低约 85%，目前我国保有量约 60 万辆。企业可推广 LNG 重卡的使用，实现成本和减排的双重效益。氢燃料电池货车在长距离货运方面是替代传统柴油车和纯电动车的解决方案，也是新能源车的重要组成部分。在北京、上海、广东、河南、河北等获批的国家燃料电池汽车示范应用城市群，选取氢能基础设施、氢燃料、相关产业链及政策支持完善的区域，尝试推广氢能货车。电动重卡包括充电模式和换电模式，在港口、园区等固定场所或固定路线运营成本明显低于柴油重卡。与光伏、风能发电、储能等可再生能源一体化应用，可以实现最大经济和低碳效益。

截至 2020 年 10 月，百威中国已经正式投入使用超过 200 辆绿色低碳车辆，主要包括 LNG 卡车、电动卡车以及新部署的氢燃料电池车。其中，百威首批 4 台氢燃料电池车在中国正式投入使用，成为百威中国减少碳排放、实现其可持续发展目标的重要举措，同样也为整个啤酒行业的绿色物流提供了新的选择。2022 年 2 月，德达物流投入运营了 49 吨氢能重卡，将用于钢铁企业物料短途运输及场外运输等应用场景，由中能国氢和三一汽车联合开发，搭载 120 千瓦燃料电池动力系统，配有 8 个 210 升储氢瓶，续航里程达 450 千米。同时德达物流配套建设了两座 500 千克/12 小时的加氢站。2022 年 3 月，100 台福田智蓝 4.5 吨氢能冷藏车交付北京顺亿达运力科技集团有限公司，这是全国最大批量用于商业运营的氢能冷链物流车辆，系统配套商是亿华通，额定功率 80.5 千瓦，预示冷链物流开始进入氢能时代。2022 年 5 月，厦门建发集团公布其正在积极推进物流运输场景下的重卡业务，并深度参与和实践厦门政府关于新能源重卡的推广，先期试点 5~6 个换电站，服务 200 多台电动重卡车辆。

3. 办公车辆、城市配送和微/轻型货车能源消费电气化

办公车辆、城市配送和微/轻型货车改用电动车，技术条件成熟，在成本投入、路权优势方面比传统能源汽车更具有竞争力。企业应加大车辆电气化转型投入，加快新能源城市物流配送车辆应用，稳步提高城市物流配送新能源汽车比例。依托园区、码头等建立充换电设施，结合交通枢纽场站、停车设施、公路服务区等公共区域充电设施设备，合理规划物流行业业务与充电基础设施布局，减少电动车里程焦虑，实现高效利用。

物流企业已在新能源物流车方面取得了显著的成效。截至 2022 年年初，京东物流在全国 50 多个城市投放使用的新能源车已达到 2 万辆，且北京的自营城配车辆已全部更换为新能源车，这帮助京东每年减少约 40 万吨的二氧化碳排放量。顺丰通过自购、租赁及外包等方式不断提升新能源车辆数量，持续扩大绿色车队规模，2021 年，投放顺丰新能源车辆 21278 辆。苏宁物流实施"青城计划"，将启动线上线下智能物流系统＋新能源物流车，提高门店就近发货占比和用智能算法重塑物流效能，将来 3 年投放 1 万辆新能源车，慢慢代替燃油车。

嘉里物流使用新能源货车与电动叉车减少运输过程中的二氧化碳和有毒气体排放量，节约成本，当前已在 17 个城市投入使用 95 辆新能源货车和 11台电动叉车。

无限极（中国）有限公司在运输环节启动新能源车配送，逐步代替传统的燃油物流车，改善配送能源结构，推动低碳出行。2022 年，新增新能源车 33 辆，累计投入新能源车 70 辆，减少二氧化碳排放量 516 吨，配送覆盖 18个城市。2023 年新增新能源车 31 辆，累计投入新能源车 101 辆，减少二氧化碳排放量 745 吨，配送覆盖 23 个仓配区域。

4. 船舶能源消费清洁化

加快推进 LNG 船舶的使用，推动 LNG 动力船舶试点改造，推动加快内河船舶 LNG 加注站建设，打造内河 LNG 动力船舶应用示范试点项目。顺应船舶电动化是未来发展趋势，尝试在内河航运推动电动船舶，持续推进港口

码头岸电设施，推进船舶受电设施改造，不断提高岸电使用率。探索建设集岸电、船用充电、污染物接收、LNG加注等服务于一体的内河水上绿色航运综合服务区。从短期和中期来看，LNG、合成天然气以及沼气处于船舶燃料领先地位，其次是氨、氢和甲醇。建议企业提前规划船舶能源转型方向，优先布局LNG动力或LNG混合动力船舶，试点开展电动船舶，探索氨、氢和甲醇船舶。

为打造具有更强竞争力的低碳产业体系，中国海油旗下中海油田服务股份有限公司（以下简称"中海油服"）启动了12艘LNG动力守护船建造项目，这是全球建造规模最大的LNG动力守护船建造项目。该项目的实施有效提升了我国LNG动力守护船全产业链自主建造能力，同时带动了沿海LNG配套产业链布局。2022年5月28日，中海油服对外宣布，由中国自主设计建造的首批以LNG为动力的智能守护船（见图4-1）"海洋石油542""海洋石油547"在江苏南通成功交付，该船的交付填补了我国在LNG动力船舶领域的多项技术空白。同期，为满足长江生态保护和航运绿色发展需求，外运长航集团首艘新一代130米纯LNG动力散货船在湖北开工建设。船舶设计吃水载货量7500吨，最大吃水载货量9800吨，是长江第一艘采用纯LNG动力的新一代130米绿色智能川江标准船。截至2021年上半年，我国已建成的LNG船舶加注站18座。上海港洋山港区配备了一艘全球最大型2万立方米LNG加注船，意味着上海港成为继荷兰鹿特丹港、新加坡港后，全球第三个拥有LNG加注服务能力的港口。广东省2021年提出率先出资建造50艘LNG单燃料散货船，并将在两年内改造300艘现有船舶。

国内首批纯电动船舶则是在2013年投入使用，主要应用于民用领域，侧重在内湖、内河以及近海港口。现在不仅是纯电动打捞船、纯电动拖轮相继在无锡、连云港交付使用，在执法船、游船、渡船等水上交通领域也出现了越来越多的电动船舶。2023年3月18日，中远海运集团宣布建造两艘700TEU级长江干线电动集装箱船，并于2023年年底交付。船舶采用船电分离模式设计，配载换电模式船用集装箱式动力电池作为动力源。首航航线为武汉至上海，全程纯电航行。岸电系统是电动船舶续航的主要"补给站"。

图 4 - 1　中海油服以 LNG 为动力的"海洋石油"号

部分被确定为岸电系统设施改造试点的省份，岸电系统的建设相对较快。以江苏省为例，全省港口累计建成岸电设施 3036 套。与每次充电都要回到岸上不同的是，英国有些公司还想到了海上充电的方式，就是将海上的风力发电站和充电结合起来。航运巨头马士基成立了一家名为 Stillstrom 的新企业，用来开发其海上充电站并将其商业化。Stillstrom 目前正在建造其海上充电浮标的原型，它要用一条输电线路把电力从风电场的陆上基础设施输送到浮标。该原型装置可产生不到 1 兆瓦的电力，能够将来自电网的高压电力转换为适合船舶使用的低压电力。

5. 航空货运能源消费清洁化

航空运输行业的碳排放量占比仅次于水路运输，根据《中国零排放货运年度进展报告 2022》数据，2020 年航空运输的碳排放量在所有运输方式中占比为 6.1%，实现航空货运能源消费的清洁化将会极大减少其碳排放量。

2023 年 6 月 18 日，中兴通讯"5G 基站 + 智能手机"从上海浦东国际机场顺利"启航"，标志着中国外运、中兴通讯、汉莎货运在推进绿色物流低碳发展，践行国家"双碳"目标中首次在行业内进行了有益尝试。中兴通讯是中国外运重要战略合作伙伴，"双碳"是双方战略合作的重要课题。汉莎航空公司作为外运空运核心、重要的空运运力供应商，积极践行环保理念，率先在航空业使用可持续航空燃料（SAF），推动行业实现绿色转型。外运空运根据中兴通讯物流项目对空运清洁能源运输的需要，与汉莎航空公司进行了专题磋商，结合出口地低碳运输设计和进口国接货新能源运输方案，制订出了"南京至马德里5G基站＋智能手机全链路空运"清洁能源运输物流解决方案。

6. 装卸设备能源消费电气化

大力推动物流装卸、搬运、升降和短距离输送设备电动化改造，主要包括叉车、吊车、起重机、输送机、作业车等。目前，国内仓库电动叉车已经广泛普及，配合光伏发电等可再生能源电力，实现系统化能源转型。小型吊车、输送机、作业车全面电动化，减少仓储作业化石能源消耗。龙门吊能耗和碳排放量都比较大，且对空气产生污染，应积极推进龙门吊等大型装卸设备电动化升级。

联合利华较早在合肥自建仓库里使用太阳能板、LED灯和电动叉车，并获得了LEED铂金仓库认证。宝供在基地统一采用电动叉车作业，相对于柴油叉车需要4～4.5米的通道宽度，电动叉车仅需要2.5～3米，可以大幅提升仓库空间利用率；电力相对于柴油来说是更清洁的能源，无空气和噪声污染，可实现库内运作环保低碳化。

中力是一家专业从事电动仓储叉车、智能搬运机器人开发、制造及服务的全球化科技企业。中力"油改电"叉车（见图4-2）采用"箱式抗扭结构＋高底盘＋短车身＋锂电池"，2.5～18吨油改电系列锂电叉车充分结合了内燃车和锂电叉车的优势，满足用户多场景、多工况的室内外搬运需求。

图4-2　中力"油改电"叉车

第二节 技术改造举措

1. 绿色建筑施工

物流园、数据中心等基础设施的建筑施工选用已明确纳入《绿色建材评价技术导则（试行）（第一版）》并获得绿色建材评价标识证书的材料，参与 LEED（Leadership in Energy and Environmental Design，能源与环境设计先锋）认证项目；新建项目的建筑施工中积极推广装配式混凝土建筑。稳步提升建筑能源利用效率，逐步优化建筑用能结构，有效控制建筑能耗和碳排放量，构建绿色、低碳、循环的建筑体系。

普洛斯是全球专注于供应链、大数据及新能源领域新型基础设施的产业服务与投资管理公司，由普洛斯资产运营服务（普洛斯 ASP）负责运营管理的上海普洛斯宝山物流园获得美国绿色建筑评估标准体系 LEED v4.1 O + M：EB（既有建筑运营与维护）铂金级认证，成为全球为数不多获此项最高级别绿色运营认证的物流基础设施之一，也是国内获此认证中体量最大的综合物流园。上海普洛斯宝山物流园总建筑面积 243000 平方米，通过科技化运营、能源效率提升、用水效率提升、健康舒适的工作环境、绿色清洁环境、绿色运输与出行、气候风险管控等手段实现建筑绿色化、低碳化。

北京市住宅产业化集团股份有限公司作为京津冀装配式建筑龙头企业，据其提供的具体数据，目前，该企业在节材方面，采用环锚搭接、焊接封闭箍筋技术，节省钢筋 20%。在节能方面，纵肋产品生产阶段能耗约 29.5 千克标准煤/立方米，与传统工艺比节能 45%；在施工阶段，对比现浇施工节水 30%，节电 20%，固废减少 38.7%；在运维阶段，按照北京每年竣工 500 万平方米住宅计算，结构保温装饰一体化外墙板每年可减少外保温岩棉垃圾 38 万吨。在减碳方面，该企业顺义新城 EPC 项目，对比现浇结构碳排放量降低约 18%。

2. 仓库/办公建筑改造

加强仓库与办公建筑节能改造，对建筑屋顶与外墙进行保温隔热改造，更新建筑门窗；推进绿色高效制冷行动，重点推进空调系统节能改造；充分利用自然采光，推广应用 LED 自动感应灯具；到 2025 年，既有建筑能耗将比 2020 年下降 10%；到 2030 年，既有建筑能耗将比 2025 年下降 10%；推进建筑电气化，大幅提高建筑采暖、生活热水、炊事等电气化普及率。

面对当前绿色环保发展的重要目标和趋势，南方电网广西防城港供电局应势而动，积极打造节约资源和保护环境的空间格局，对新兴物资仓库照明系统进行节能改造，整体更换金卤灯具 101 套。新兴物资仓库于 2011 年投入使用，占地面积 2.35 万平方米，原照明系统投运近 10 年，灯具均为泛光灯，光源功率达 400 瓦。针对照度低、能耗高、寿命短、维护成本高等问题，再结合沿海气候的特点，该局采用了凸镜技术、中配光曲线、防护等级为 IP66、防腐等级为 WF2 的节能型、免维护的 LED 灯具替代高能耗的泛光灯。通过改造，新兴物资仓库的平均照度由原来的 9.92 勒克斯提高到 55.2 勒克斯，达到了户外仓库照度标准要求。截至 2023 年 12 月底，累计节电 3.64 万千瓦时，维护人工及机械成本也大幅下降，推进了仓储低碳转型和企业的节能增效。

3. 照明系统节能化和智能化

在仓库、码头、办公等场景进行照明灯具节能等改造，应用照明系统智能感应或分时调控系统，实现管控一体化。在确定仓库照明方案时，应考虑不同类型建筑对仓库照明节能改造的特殊要求，并处理好灯具照明和自然采光的关系，采用高效光源灯具，合理使用建设资金，提高仓库照明效率。

京东亚洲 1 号福州长乐物流园位于临空经济区，用地 159 亩，投资 6.5 亿元，主要建设了三栋单层中小件库以及配套用房，建成后将起到促进物流产业发展、发挥临空经济区以产兴城的作用。京东亚洲 1 号福州长乐物流园应用安科瑞智能照明监控系统，配置智能照明监控模块，控制公共照明区域的通断，并同时设置多场景照明回路。根据项目智能化管理需求，需要对其中 A1、A2、A3 三栋中小件库照明回路智能化控制。本监控系统主要实现京东亚洲 1 号福州长乐物流园的楼层公共区域的照明回路的远程控制，该系统总计由 12 台 ASL100 - S12/16 驱动器、12 台 ASL100 - S8/16 驱动器等组成，采用 KNX 总线通信，从而完成整个物流园的智能照明控制网络，最终实现值班室总机的通信，完成后台和分控的数据连接。在公共走廊、仓库等区域布置触摸屏、照度感应器、智能控制面板，照明柜/箱内安装控制模块、干接点模块等，实现定时控制、高峰全开、亮度调节等场景控制，使照明系统按照预先设定的各种模式工作，可以改善空间光色、立体感、色饱和度，可以营造舒适宜人的灯光效果，节能减耗、有利于人们的身心健康，提高工作效率、提高管理水平。

4. 冷库制冷系统更新

冷库的制冷系统规划设计中要保证制冷系统的稳定性，应更加重视环保材料、制冷剂和装备的应用，运用物联网等新技术使设备控制、系统运行向着智能化方向发展，从而更好地进行温度、能源和安全控制，并定期进行冷库制冷系统的更新；应用环境友好的制冷剂和制冷技术。氟利昂制冷剂的 GWP 很高，对环境不友好，属于将被限制使用及未来会被淘汰的制冷剂；氨则有毒可燃，本身具有一定的危险性。目前来看，二氧化碳制冷剂具有无毒、不可燃、绿色、安全性高的特性，未来将不会受法规的限制，具有很好的发展前景。

盾安冷链在"以最少的能源获得最大的制冷效果同时，又要为客户创造最大价值"的前提下，一直注重能效的挖掘，其超市便利店冷链产品节约大量电力。同时，企业自主研发了适用于中国气候条件的"二氧化碳大型冷库制冷系统解决方案"，彻底消除了传统氨系统存在的安全隐患，将传统氟利昂制冷剂的温室效应减少、设备体积缩小，大幅提升能效水平。在企业的多年发展历程中，已经成功实施了中国重点制冷项目，连续中标 12 个核电站22 个制冷工程项目，成功实施武汉中百 1 期以及步步高冷库项目，逐渐将国际上先进的二氧化碳制冷项目实施经验落地化。

5. 办公耗能设备能效提升

设备采购部门与设备运行管理及能源管理部门紧密协调，将设备能效标准纳入选购考虑因素实行绿色采购；定期进行办公用能设备更新，由能效标准为 3~5 级的高耗能设备更新为 1 级能效设备，提升办公设备能效，减少办公能耗。

"能源之星"计划是美国能源部（DOE）和美国国家环境保护局（EPA）共同推行的一项政府计划，旨在识别和推广节能产品，以减少温室气体排放，更好地保护生存环境，节约能源。"能源之星"计划是美国用能产品节能管理措施的重要组成部分，对世界各国的节能法规和标准产生了重要影响。2015 年年底，EPA 发布了大型网络设备"能源之星"（Energy Star）1.0 版产品技术规范和测试方法，并于 2016 年 3 月 1 日起正式生效实施，同时将大型网络设备增加到"能源之星"办公设备类产品中。随着办公设备的电子化和网络技术的不断发展以及数据中心应用的日益广泛，办公设备已经逐渐成为 IT 基础设施的支柱，其用电量也日益受到关注。EPA 不断扩大其办公设备"能源之星"的产品种类，到目前为止，办公设备涵盖的产品有计算机、显示器、数据中心存储设备、企业服务器、影印设备、不间断电源、电话、互联网协议电话、小型网络设备和大型网络设备。EPA 通过有效的产品设计和电源管理来达到节约能源的目的，使其消耗更少的能源来完成常规的功能任务，当设备处于非使用状态时，自动进入低功耗模式。

6. 节水型设备应用

节水工作是"可持续发展战略"工作的重要内容，也是单位加强内部管理、节能降耗的重要组成部分。应积极采取措施，推动办公、生活、生产用水节水型设备应用。通过推广使用节水型器具，可有效提升水资源的利用效率。

嘉士伯集团高度重视水资源的合理利用，把节水放在优先位置，通过 6 年的持续推进，嘉士伯中国单位产品用水量（酿造每百升啤酒的耗水量）已下降了 36%，仅 2021 年单年下降了 7.5%，平均水耗远优于中国啤酒行业的平均水平。嘉士伯持续推进节水设备投资、优化改造技术、加大宣传力度，目前已经提前完成集团设定的 2022 年节水目标。嘉士伯的节水措施贯穿整个生产流程。在宁夏，西夏啤酒厂通过管网改造、控制系统改造将酿造产生的浓水回收用于清洗和冷却设备，实现了水资源的重复利用，并对洗瓶机、灌装机、贴标机等设备进行升级改造，在提高设备运行效率的同时，达到降低水耗的目的。位于广东的嘉士伯惠州酒厂通过对洗瓶机喷淋装置、热水罐、新型节水真空泵等进行技术改造，积极实施清洗自动化、蒸汽冷凝水回用等节水举措，单位用水量逐年下降，获得"惠州市节水型企业"称号。

7. 能源消费监测设备智能化改造

企业将能源如电力、天然气、汽油、柴油等的消耗监测设备更换为智能化监测设备，提高能源消耗监测精度与效率，合理规划和调整能源消耗结构，为参与碳排放交易奠定基础。针对现代物流运营过程中能源消耗的发展趋势，基于物联网、大数据、云计算、边缘计算、人工智能等技术，自下而上地对各种用能设备进行可视化运行监测、大数据分析与智慧调控，结合线下的优化运行及节能改造最佳实践，形成物流全过程的能源监控—分析—优化—管理的闭环。

西青物流园仓库与附属用房建筑能耗监测系统项目，通过电力仪表采集现场的用能数据，系统采用现场就地组网的方式，组网后通过光纤通信并远传至后台，通过 Acrel – 5000 型能耗监测系统实现各配电回路用电监测与管理。能耗管理系统为整个企业用能源提供保障，为能源管理提供数据和决策依据，通过实时的数据采集技术、高速稳定的网络技术、灵活成熟的软件技术把业主的智能建筑项目建设为绿色建筑管理平台。能耗管理的范围有电表、水表、气表等智能终端设备监测，实现整个建筑的能源管理平台。做到安全用能、节约用能。西青物流园仓库与附属用房 Acrel – 5000 能耗管理系统，通过对能源的采集并管理，实现对建筑的节能减排。

8. 包装器具标准化、绿色化、循环化改造

在政策的不断推进和引领下，快递物流包装正悄然发生着变化。从形式上看，主要体现在减量化和可循环两个方面。京东物流推出青流计划，至2021 年 6 月，常温青流箱、循环生鲜保温箱等累计循环使用约 2 亿次。通过联动品牌商直发包装及纸箱循环利用，节省约 100 亿个快递纸箱，超过 20万商家、亿万消费者参与其中。通过使用循环中转袋替换一次性编织袋，用循环缠绕网/扎带替代缠绕膜来减少塑料制品的使用。通过仓内无纸化作业以及电子面单，最大化地节约了纸张使用，仅 2020 年全年减少了纸张消耗

1.3 万吨。顺丰针对不同场景投用了保密运输箱、机场循环箱、易碎品循环中转箱、食品循环箱、太阳能光伏板循环包装等成熟产品。2021 年，在原有"丰－box"的基础上，顺丰推出碳中和产品丰多宝（π－box）循环包装箱，采用更易回收的单一化材料 PP 蜂窝板材，易清理、抗戳穿，加强对快递内件的保护。丰多宝（π－box）于 2021 年 7 月 1 日起试点投放运营，截至 2021 年 12 月底已投放丰多宝（π－box）72 万个，实现 280 万次的循环使用。南航物流大兴货站承载着大兴机场物流运输八成的业务量，面对每天发运货物、大量对环境不友好的包装（泡沫箱、塑料制品、木箱）的使用，南航物流通过现有包装的再循环进行减量化使用、实现碳减排；同时与研发团队进行合作，针对物流行业大量使用的一次性雨布以及水产品的塑料包装进行材料层面的创新，研发"耐穿刺"产品达到循环使用的目标。

第三节　管理提升举措

1. 搭建企业能源消费和碳排放管理平台

利用自动化、云计算、大数据、物联网、移动互联网等先进信息技术，构建一个贯穿计量采集、实时监控、动态分析、优化控制、持续改进的一体化能源消费和碳排放管理平台。该平台以能源管理为底层基础，掌握化石能源（柴油、汽油、天然气、LNG、燃料油等）、电力、热力等关键能源要素的监测、管理、优化、预警，实现能源消耗动态管控，实现能源的智慧监测和精细化管理，并实现综合能源消费量分析、实时能耗分析、阶段性能耗分析等，形成了系统性节能降耗的管控一体化系统。在能源管理平台基础上，融入碳排放监测、核算、核查和咨询等内容，打造上层碳排放管理平台，包括以碳排放管理、碳资产管理、碳交易管理与碳中和管理四个方面为核心的宏观碳管理体系，进行综合碳排放分析，挖掘碳减排潜力。高效、统一的企业能源和碳排放管理平台，可实现能源和碳排放实时监控、能耗与碳排放动态分析、能源优化控制、能源结构持续改进的全链条能源和碳排放管理。全方位、实时掌握企业能源和碳排放的运行状态及使用与排放情况，提高能源和碳排放的可视化、能源使用和碳排放环节的可追溯性，符合国家政策、客户期望和社会责任要求。并将该平台与业务运营统计平台和财务管控平台进行匹配调整，实现企业整体管理体系的优化统一。

天津港建立的综合能源管控平台正式上线。该平台覆盖了1400余个能源监测点位，对接"水、电、油、气"能源要素平台，融合能源、作业、碳排放等六大功能模块，应用"数字孪生"等多项先进管控技术，进一步提升了天津港能耗监测、管理、控制水平。能源管控平台融合能源系统、作业系统、分析预测、预警预报、绿色港口、碳排放六个模块，每个模块体现为"一张图"，各模块可通过大屏展示相关内容。鄂州花湖机场是湖北省与顺丰集团合作建设的亚洲第一个专业性货运枢纽机场。机场投入运营后，智慧能源管控平台可以实现能源从源端到末端的全程管控，利用算法模型实现不同能源形式（光伏、充电桩、能源站、外购电力等）的能源协调和优化，可将机场综合能耗效率提高10%。

2. 开发服务企业内部和外部的碳计算器

对企业内部仓储、包装、运输、派送等端到端供应链全环节建立碳排放计算模型，开发可视化的碳计算器，帮助客户了解运输和物流相关活动中的碳排放量，提升供应链物流的碳排放数据透明化程度，对高排放环节进行分析和优化，实现运营过程中的有效识别与管控。在内部碳核算的基础上，为客户提供仓储、包装、运输、派送等环节的碳减排措施，降低客户碳排放量，帮助客户创造绿色价值。最后与上下游合作商建立低碳合作伙伴关系，实现碳数据的共享，在供应链整体上核算碳排放量和采取碳减排措施，为客户打造低碳产品标签。与商业合作伙伴分享自身的碳管理经验，共同推动供应链及物流行业的碳排放核查、碳资产管理相关标准，推动碳交易金融化。

地中海航运公司推出的碳计算器让客户能够测量并了解其货物运输的碳足迹。使用碳计算器，作为更广泛的排放管理和供应链脱碳工具，进一步减少排放并支持贯穿整个供应链的可持续实践。中远海运集运碳计算器已经投入使用，真正为用户提供了一款精确统计货物在海运运输过程中的碳排放总量的工具。其设计理念建立和采用了先进的动态优化计算模型，得到了第三方权威机构 DNV 的认证。全球货运定价和预订平台 Freightos 是最新推出的免费碳计算器工具，该工具允许货运代理、进口商和出口商估算和比较特定航运路线和模式的排放量。进口商、出口商和货运代理可以将二氧化碳计算器嵌入他们的网站或平台中。DHL 公司在 2016 年推出创新型绿色服务产品——碳计算器；目的是让客户在使用物流运输功能时，在官网上通过运输路程、运输工具、包装包裹数等与运输产品相关因素在计算器上进行对应输入，计算器根据研究出来的既定公式计算出客户运输产品所产生的碳排放量。碳计算器主要有四大功能：一是追溯功能；二是出具 DHL 碳排放报告；三是快速扫描功能；四是碳仪表盘功能。能源和海洋咨询公司 AqualisBrae-mar LOC（ABL）开发了一种软件，可以让港口跟踪其排放概况，数据被上传到软件中，计算出港口运营过程中排放的污染物和温室气体量。

3. 构建碳普惠平台

碳普惠，是指为小微企业、社区家庭和个人等的减碳行为进行具体量化和赋予一定价值，并建立起以商业激励、政策鼓励和核证减排量交易相结合的正向引导机制。2022 年 4 月，《广东省生态环境厅关于印发〈广东省碳普惠交易管理办法〉的通知》发布；2022 年 8 月，《深圳市生态环境局关于印发〈深圳市碳普惠管理办法〉的通知》发布。碳普惠相关政策将充分调动全社会节能降碳的积极性，促进形成绿色低碳循环发展的生产生活方式，深化完善碳普惠自愿减排机制，进一步规范碳普惠管理和交易。建议企业内部开展碳普惠平台建设，组织或员工的绿色低碳行为以碳减排量的形式进行具体量化，并通过商业激励、政策鼓励或与减排量交易相结合等方式，为绿色低碳行为产生的碳减排量赋予一定价值，遵循"谁减排、谁受益"原则，形成绿色低碳发展正向引导的机制，以积分形式鼓励员工绿色办公、绿色通勤等。运作方式是依托平台，对接数据，量化行为，给予碳币，兑换商业优惠及公共服务。碳普惠平台的构建分为以下步骤：一是碳普惠机制顶层设计，包括制度方案设计、指导文件编制、技术标准开发；二是建立信息化管理平台、碳普惠应用平台；三是建设指南设计，数据资源对接；四是碳普惠活动运营，包括示范活动设计、品牌宣传推广等，碳普惠机制运作流程示意如图 4 - 3 所示。

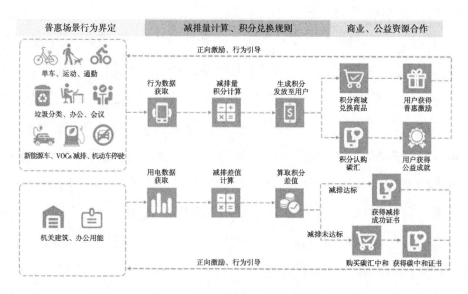

图 4 - 3　碳普惠机制运作流程示意

"蚂蚁森林"碳普惠模式已发展得较为成熟。2016 年 8 月，蚂蚁集团与北京环境交易所合作推出"蚂蚁森林"碳普惠公益项目，公众的低碳行为可以通过相应的碳减排方法学换算成"绿色能量"，"绿色能量"累积到一定程度可选择在荒漠种树、申领保护地或者助力大型活动实现碳中和，从而激励公众的低碳行为。截至 2021 年 8 月，蚂蚁森林累计带动了至少 6.13 亿人参与低碳生活，产生"绿色能量"2000 多万吨。经过近 6 年的发展，"蚂蚁森林"模式越发成熟，主要表现在低碳场景的拓展上。首先，低碳场景越来越广泛，"蚂蚁森林"覆盖绿色出行、减少出行、减纸减塑、循环利用和高效节能 5 个大类 38 个低碳场景。其次，"蚂蚁森林"发挥蚂蚁集团的优势，依托网商银行，开发金融领域的低碳场景，公众可通过场景下设定的低碳行为获取"绿色能量"，例如"绿色银行"场景下的低碳行为包括线上开通网商银行账户、申请网商贷以及还信用卡、车贷、房贷三项；"国际退税"场景下的低碳行为包括通过花呗担保方式申请实时换汇的退税服务；"电子保单"场景下的低碳行为包括在蚂蚁保车险平台投车险选用电子保单；"信用住"场景下的低碳行为包括依托芝麻信用预订酒店，以及网购火车票、电影票、生活缴费和 ETC 缴费等线上支付行为。

4. 构建数字化运力平台

大力发展"互联网＋"高效物流，创新智慧物流运营模式，构建数字化运力平台，协调中国外运范围内的运力资源；依托大数据分析和深度学习技术，整合货运线路和运力资源，提升陆地运输效率，实现车辆与货物的精准匹配。提高货物运输实载率，减少空驶率，优化行驶路径；优化运力平台服务，实现智能匹配、智能跟踪、智能调度，实现集物流交易、物流履约、物流资源集约、数据及金融为一体的综合物流服务平台。推动物流园区、港口、机场、货运场站广泛应用物联网、自动化等技术，推广应用引导运输车、智能输送分拣和装卸设备。通过逻辑算法，结合快件产品时效、距离等因素，以最优的路径对运输线路进行规划，基于地理信息大数据提醒司机优化驾驶习惯，利用预见性导航与节油算法，减少运输能耗。借助运易通等网络货运平台，以多式联运港航大数据平台、港口智慧物流协同平台等推动相关物流作业数据互联共享，大力推进线上线下协同，实现物流资源共享和集约化经营，提升物流整体效率，降低碳排放。

在物流行业，数字化、信息化、智能化已成为低碳减排的有效途径。满帮集团将数字化等技术应用到公路货运领域，有效提升交通运输系统效率，降低车辆能耗和减少碳排放量。研究表明，如果我国车辆空驶率从 45% 降至 25%，每年可以减少无效行驶里程 1472 亿公里，减少二氧化碳排放量 6951 万吨。因此，利用数字经济和平台经济发展智慧物流，已成为公路货运领域重要的碳减排手段之一。满帮集团在助力我国公路货运提效减碳方面的成果也是有目共睹的。比如（以下数据由交通运输部规划研究院联合满帮测算），通过向货车司机提供回程货源以及多货源点之间的网状路径规划，有效降低返程车空驶率，2020 年累计减少碳排放量 1168 万吨；通过降低车辆在装卸货点之间车厢利用不足的空置率，2020 年累计减少碳排放量 170 万吨；依托数字平台的网络效应和规模效应，通过零担拼车业务，降低车辆空载率，2020 年满帮集团帮助累计年减少碳排放量 82 万吨。对于未来，满帮集团还计划将通过建立碳排放管理平台、深挖降低"三空"潜力、探索多式联运数字化场景、推广新能源汽车等措施,助力行业实现"双碳"目标。满帮集团减碳案例如图4-4所示。

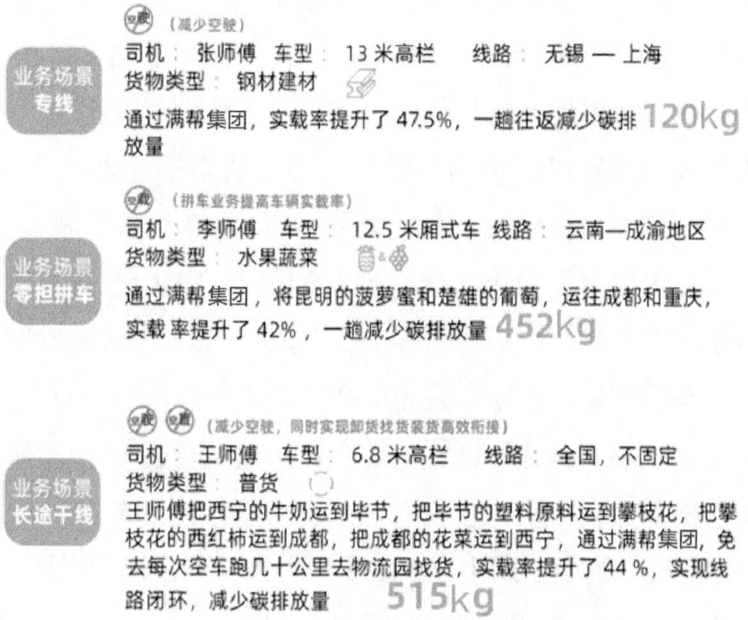

图 4-4　满帮集团减碳案例

5. 构建数字化仓库平台

构建数字化仓库平台,应用数字化技术,配套数字化仓库运营与管理,实现仓储活动可视化、仓库作业流程自动化或少人化运行,可开具电子仓单,搭建高效、协同、便捷仓库管理平台。数字化仓库建设以物联网为基础,建议仓库配备物联网设备,采集或监控对象信息,并接入互联网,连接物、人、系统和信息资源,对物理和虚拟世界的信息进行处理,并及时做出反应;对物联网设备进行远程监管、故障排查、生命周期管理和系统升级。数字化仓库管理系统与企业内 ERP、CRM 等业务系统集成,实现企业内系统集成中统一的身份认证,并与供应链上下游相关企业进行数据交换。通过数字化基础建设,数字化技术应用的不断提升,实现综合集成和创新,达到仓库业务的供应链协同与可持续发展。数字化仓库建设有利于协调中国外运范围内的仓库资源;利用数字化可优化仓库布局,特别是通过跨境电商业务可开展多仓融合探索。

联合利华通过打通上下游企业的库存数据，实现了全渠道仓库数量的优化和库存共享，缩短了订单履约时间和订单配送距离，从而降低了碳排放量。日日顺物流在全国有 136 个智慧仓，通过应用大数据与算法分析精准采集货品、仓库库位尺寸信息，指导仓内存储作业，为绿色低碳物流基础设施建设作出贡献。这些智慧仓在入库环节，全景智能扫描站可以在几秒钟之内采集到货物的体积、重量及货品信息，并根据这些信息算出最优的垛型，再交由关节机器人自动码垛实现场景转换，码垛效率提升 80%，10 秒完成高效搬运；在出库环节，智能拣选龙门机器人能在 20 秒内完成高效拣选，并保证垛型管理完美。京东物流在全国拥有 119 个"黑灯仓库"，通过应用高度自动化设备，在不需要照明的情况下，仍能"摸黑"作业，大大节省了电力和能源。京东数科等企业联合发布的数字仓库平台，以物联智能感知和货物信息数字化为核心，构建园区管理、仓储调度、货物安全的物联网监控监管解决方案。例如，在数字化仓库下，布设高清监控摄像机抓取货物轮廓信息，实现 AI 看货；通过电子围栏分类设置存储区域、禁入区域、危险区域，当货物轮廓发生变化、受限车辆与人员闯入均会发出告警，实现 AI 守货；针对某些对温湿度要求严格的货物，设置高灵敏温湿度传感器实现智能环境监测，避免货物因环境变化导致损毁等。由此打造了一个具备技术服务能力、数据服务能力、金融服务能力的全流程、智能化的数字仓库，将传统大宗商品流通领域中的仓储管理、交易、融资等业务环节进行重新组合，实现了产业升级。

6. 开发应用智能操控技术

企业应选择性使用提高运作效率的自动识别标识技术（含条码识别技术、生物识别技术、图像识别技术和射频识别技术等）、安全驾驶技术、自动或快速分拣技术、人工智能技术（AGV 机器人、无人机和无人驾驶车等）、环境感知技术（重量、体积、温度、湿度、油量和胎压监测器等）、电子不停车收费技术（ETC）、智能快递柜等数字化技术与设备。企业应使用企业管理系统（ERP）、能源管理系统（EMS）、订单管理系统（OMS）、仓库管理系统（WMS）、运输管理系统（TMS）等智能管理系统。智能操控技术接入企业智能化管理系统，实现企业数字化、智能化转型升级。典型的智能化设备包括自动导航无人叉车、物流机器人（或搬运机器人）、多层穿梭车、拣选机械手、自动输送设备、AR 设备等。

日日顺物流在全国有 136 个智慧仓，其中即墨仓是大件物流首个智能无人仓，从订单接收到堆垛机出库、输送机输送到分拣区、龙门机器人分拣、AGV 输送到备货区、备货区到月台装车等环节全部实现自动作业，真正实现24 小时不间断作业。同时由于存储区不开灯作业，该仓储能耗降低了 30%，推动了绿色物流的发展。日日顺物流智慧仓如图 4 – 5 所示。

图 4 – 5　日日顺物流智慧仓

7. 开发用能设备的能效智能管理系统

碳排放的基础是能源消耗，能源消耗的基础在用能设备，因此建议企业建立用能设备（移动设备和固定设备）的能效智能管理系统，按照物流行业业务环节（运输与配送、仓储、包装、信息处理、辅助办公等）统计不同用能设备的类型、规格、数量、权属、使用频次、能源品种和能耗数据等。对各用能设备的能耗信息予以采集、显示、分析、诊断、维护、控制及优化管理，通过资源整合形成具有实时性、全局性和系统性的能效智能管理系统。

该系统可随时监测能耗水平和碳排放情况，并根据设备工况考察能耗和碳排放情况，分析能源效率，挖掘节能降碳潜力。

西青物流园区仓库与附属用房企业综合能效智能管理系统，通过对能源的采集并管理，实现对建筑的节能减排。针对该物流园仓库与附属用房的配电室，现场配置多功能仪表。通过对仪表数据采集、分析、处理，进而提高能源利用效率、促进和保障能源管理水平的提升，并在系统节能方面发挥重要作用。

8. 推进包装器具信息化

提高物流包装和周转器具的标准化和信息化水平，采用物联网、5G、RFID 等先进技术用于托盘、物流周转箱、集装箱等，在货物收发、运输等流通环节配套设施设备，减少产品在物流运输和装卸过程中的倒箱活动，实现产品从生产到最终消费全链条的监控与可追溯，确保效率提升和安全可控。将物联网、大数据、人工智能等技术领域与物流包装结合，拓展标准托盘、周转箱（筐）的信息承载功能，从集装单元提升为数据单元，应用全球统一编码标识（GS1），探索托盘条码与商品条码、箱码、物流单元代码关联衔接，推动物流链上下游企业数据传输交换顺畅。实现货物跟踪、监测、分析和管理功能，融入云架构、智能算法等科技手段，再加上深度的运营，最终成为智慧化物联网管理体系的重要一环。通过安装了物联网定位芯片的包装箱，企业就可以同步监控物流状态和箱体状态。这样既可以防止货品丢失，也能通过检测发现闲置包装箱，提高利用率。在传统静态租赁模式下，可循环包装的丢失率一度高达 15% ~ 20%，智能箱有效解决了这个问题。除此之外，打造"数智＋"循环管理 SaaS 平台，打通物流包装、运营网络和上下游网点之间的数据孤岛，可以为用户实时提供包装资产盘点、货物轨迹追踪、风险预警、BI 驾驶舱、AI 辅助决策等数字化服务。

重庆长安民生物流股份有限公司旗下合资公司重庆长足飞越科技有限公司打造的智慧物流装备产业园，紧扣绿色循环理念，依托 30 余项技术专利，生产绿色循环包装、KD 出口和售后包装产品，并向客户提供物联网技术服务，预计可实现年产值 1.3 亿元以上。在创新产品开发方面，重庆长足飞越智能托盘（见图4－6），可为客户节约20%～50%的物流成本，并兼具智能化、环保、安全等特点。依托中铝集团、山东魏桥集团、河南中孚、上海华峰等12家大客户企业，主要以租赁形式向全国各地辐射开展业务，已与30余家客户达成业务合作。"精卫推荐"是京东物流在包装耗材推荐方面的一项创新，可以根据不同订单类型自动计算与商品最匹配的耗材及型号，确保纸箱、手提袋的精确使用。京东物流应用智能打包机，可以通过视觉识别、机械手抓取、3D视觉等先进技术实现自动包装操作，极大简化人工操作流程，在降低员工劳动强度的同时提升了运营效率，其效率是传统打包方式的5～10倍。箱箱共用全新托盘技术，结合箱箱共用自主知识产权的结构化设计原理和方案，配合箱箱共用自主研发的低功耗物联网技术解决方案，在复杂的仓储环境中，可实现百米范围内通信，可将产品碳足迹生命周期评估和循环服务碳减排数据与客户共享，有效提高了物流包装碳足迹及碳核算数据收集能力。同时，依托全国近2000家上下游网点和在线循环服务平台，为平台现有生鲜果蔬、汽车配件、食品加工、日化美妆、化学品等行业客户提供智能托盘及"智能托盘＋循环箱"一体化服务解决方案，成为箱箱共用2021年业绩增长的核心驱动力。日日顺物流给出了"绿色化、减量化、可

图4－6 重庆长足飞越智能托盘

循环"解决之道，以"一个智能芯片检测危害，一套绿色循环箱循环物联"，开启了商品的高标准、绿色、循环包装模式。通过内置芯片，货物在配送过程中所处的位置、状态和运行轨迹等将实时上传至后台系统，企业就可以全程追踪商品信息，判别并及时处理商品在配送过程中遇到的特殊事件。

第四节　数字化提升举措

1. 建立能源管理体系和碳排放管理体系

建设和运行能源管理体系和碳排放管理体系，即运用现代管理思想，借鉴成熟管理模式，将过程分析方法、系统工程原理和策划、实施、检查、改进循环管理理念引入企业能源管理体系和碳管理体系，建立覆盖能源利用和碳排放全过程的管理体系，促进构建企业节能减碳长效机制。能源管理体系与碳管理体系关联示意图如图4-7所示。

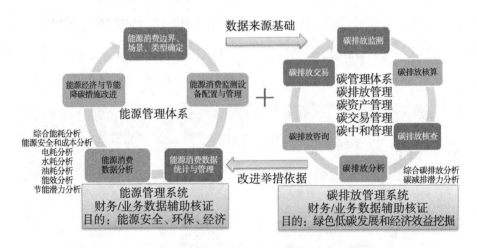

图4-7　能源管理体系与碳管理体系关联示意图

目前，联合利华、百威、麦肯锡、科思创等国际企业已成立类似于可持续发展部的组织协调企业在全球绿色低碳方面的业务工作。中国企业也高度重视绿色发展管理组织的建立，联想集团、华为技术有限公司、重庆长安民生物流股份有限公司、鄂尔多斯市鑫聚源供应链管理有限责任公司、荣庆物流供应链有限公司等均已成立类似于绿色发展部或环境、社会和公司治理（ESG）

部的组织，由企业领导牵头协调企业绿色发展战略规划与落实。除自身组织建立外，企业还在现有的合作商管理制度中纳入绿色管理理念，将能源管理体系、环境管理体系、绿色发展规划、节能低碳产品认证、企业社会责任（CSR）报告或环境、社会和公司治理（ESG）报告等内容纳入合作商绩效评估指标内容，同时企业与合作商应建立绿色发展沟通与透明机制。

2. 建立设施设备标准管理体系和能效管理体系

建立设施设备标准管理体系，完善管理职责、基础管理、设备前期管理、设备后期管理、管理评价，并持续改进；采用能效管理体系，系统分析气、水、电等数据，以可视化的方式展现二氧化碳的排放情况，根据数据情况合理用能，建立节能减排长效机制、提高能源利用效率。

在全球能源变革及"双碳"目标下，施耐德电气（中国）有限公司（以下简称"施耐德电气"）践行减碳承诺，首次面向物流行业推出能源管理系统，助力解决物流仓储设施和设备的能耗监控问题，从而进行能耗分析，并以此计算碳排放，提高能效管理，减少能源浪费。据了解，施耐德电气碳中和服务解决方案涵盖"从咨询到落地"的绿色能源管理与绿色智能制造全面解决方案，助力企业提升业务韧性、提高效率以及可持续发展的能力。在能效提升方面，2022 年施耐德电气发布了新一代数字化能效管理平台EMS＋，以灵活多变的模块化设计、基于实际应用场景的定制化开发和分析功能，以及灵活的拖拽化操作和高效的数据处理，协助客户实现碳效数据的追踪核算，建立减碳目标、制定双碳规划、落实执行举措，成为企业双碳之路的"数字之窗"。从施耐德电气在全球 40 多个国家完成的 230 个项目来看，企业的碳足迹实现了最高 50%、平均 20% 的优化；节能降耗方面，实现了最高85%、平均24% 的优化，绿色改造投资回报时间最快仅为 0.75 年。

3. 完善供应商评价考核指标体系

完善供应商评价考核指标体系，建立有重点的、周期性的供应商绩效考核制度，为供应商的优胜劣汰提供依据。将能源管理体系、环境管理体系、绿色发展规划、节能低碳产品认证、企业社会责任报告发布或环境、社会和公司治理报告发布等内容纳入合作商绩效评估指标内容，与合作商应建立绿色发展沟通与透明机制，了解合作商为实现节能降碳而采取的措施，引导、支持合作商节能降碳。

"宝洁供应商可持续发展记分卡"由来自宝洁公司和20多家主要供应商的专业领域代表历时18个月合作完成，"宝洁供应商可持续发展记分卡"的设计基于全球公认的可持续发展评估标准和原则。"宝洁供应商可持续发展记分卡"充分考虑记分卡评估体系的科学性、系统性和易操作性，参与记分卡计划的供应商把主要环保足迹指标（温室气体排放、电耗、水耗、废弃物等）以及环境可持续发展创新想法汇报在记分卡上，根据记分卡的评估办法，宝洁的供应商很容易看到在节能减排方面取得的进展，并和宝洁公司一起探讨推进供应链优化创新、减少环境足迹的方法。首批试点的宝洁全球近400家供应商来自金融、化学、制造、物流、包装等9个行业。"宝洁供应商可持续发展记分卡"推广第一年的效果超出了宝洁的预期：同比上一年，其中63%的供应商减少了能源使用，64%的供应商减少了温室气体的排放，62%的供应商提高了水的使用效率。同时，有38%的供应商分享了富有建设性的供应链可持续发展创新方案。

4. 调整运输结构

企业通过推进运输结构调整，推动铁水、公铁、公水、空陆等联运发展；通过加快推进港口集疏运、铁路及物流园区铁路专用线建设，推动大宗货物和中长途货物运输"公转铁""公转水"。统筹江海直达和江海联运发展，积极推进干散货、集装箱江海直达运输，提高水水中转货运量。

以宝供物流为例，为积极响应国家"节能环保、绿色发展"的号召，2019年宝供物流承接的"中国烟草"由云南销往京津冀地区的"卷烟成品干线运输"作为改革试点，实施公转铁变革，全年将减少19563吨的碳排放量。百川物流创立以来，在东北区域，以大连港（水运到达）—沈阳—长春—哈尔滨为水路铁路干线，以哈尔滨—大庆—齐齐哈尔—佳木斯—七台河等地为铁路支线，形成了水路铁路干线与铁路支线相结合的物流模式；在山东省内，形成济南—临沂—青岛—烟台—济南特有的铁路环线物流模式；

在华南区域形成了湛江—海口—三亚商品车跨琼州海峡的粤海铁路轮渡及海南环岛铁路短驳物流模式。合理规划路线，在运输、储存、装卸等物流活动中，创新进取，实现与环境相协调的高效运输配送系统。百威每年有超过30万吨货物通过铁路运输，有超过29万吨货物通过散货船或船运集装箱运输。

5. 创新运输模式

创新运输组织模式，推动铁水、公铁、公水、陆空等多式联运发展，推广甩挂运输、江海直达、驮背运输、皮带运输等运输组织模式，满足社会经济发展及企业自身发展过程中对运输质量、效率、成本等方面的更高需求，促进运输效率整体水平提升，促进资源集约利用，降低物流成本，实现碳减排。加大集装箱码头牵引车"一拖双挂""循环拖挂"运输模式的应用，提高港区货物转运效率。

例如青岛城运控股集团有限公司实践了"甩挂运输＋共同配送"单元化物流运营新模式。该模式通过对现代物流理念和技术的研究，设置物流单元，并匹配单元操作设备，通过物流单元的集装化和操作机械化解决效率和货损问题。由原来的按桶作业到按托作业，将车辆车厢改造成飞翼的形式，加装尾板，方便装卸。为进一步提高效率，建设分拨配送中心，打造两级配送体系，干线运输以挂车为单元，按照1∶2.5的比例进行一对多循环甩挂。用多B端共同配送模式对青岛所有门店组织配送，按照路径优化方法，综合装载量和配送量，保证每次配送2～4家门店，实现车辆利用率最大化。宝供物流企业集团有限公司（以下简称"宝供"）积极探索业务发展新模式，推行LNG甩挂运输服务模式。2015年，宝供与客户在北京—天津往返的运输中，全程采用LNG甩挂运输服务模式，日均业务量200吨左右，通过业务模式及运输工具的优化调整，整体业务运作效率及资源利用率大幅提升，OTD时间也由原来的4天降为2天，整体提升50%。东方驿站联合行业核心头部企业成立中国首个"公共挂车池区块链联合实验室"，在全国率先推出产品"挂链"，利用科技手段、大数据、区块链等技术精准地标记每一台挂车的数据，让每一台挂车都有自己的ID。通过联盟链成员的相互合作，以甩挂运输核心资源——挂车为主线，由生产企业、物流企业、运营企业、信息系统服务商、车辆核心部件商等组成挂车联盟链，打破信任壁垒，信息共享互通，提升挂车互换的质量与效率。"挂链"的建立和应用，能减少全年碳排放 16 吨，相当于种植 955 棵树，对促进挂车生态成员的集约协作、价值共享、信任联结，推动整个行业链条的高效运转有着重要意义。

6. 创新物流行业业务模式

开展逆向物流，促进循环经济发展，园区、仓库等场所规划建设资源回收处理区域，物流行业业务板块开展逆向物流探索，如回收新能源汽车电池、探索物流包装回收系统、使用循环包装等。

京东物流联合可口可乐、宝洁和联合利华等消费品公司，建立起废塑料回收系统，来自京东消费者的相关废塑料被上门收集并由京东物流送往相应的回收点，从而减少塑料生产的排放量。

7. 创新节能降碳市场化机制

稳步推进低碳发展体系的构建，建立完善碳资产管理体系，积极参与全国用能权交易、碳排放权交易、绿电交易，依法开展碳排放的报告和信息披露，开展合同能源管理，创新节能降碳市场化机制。

2021 年 5 月，合肥市包河区机关事务管理中心通过方案论证、基准能耗标定、公开招标等程序，与中标单位远大能源利用管理有限公司正式签订能源管理合同，托管服务期限为 10 年。近年来，包河区积极探索合同能源管理实施路径，采用基于市场运作的全新节能服务方式，在减少财政资金支出的同时，实现党政机关节能降耗，助力"双碳"目标实现。包河区政务中心南北楼 2005 年投入使用，建筑面积约 4.8 万平方米，大楼中央空调同步投入使用。由于空调使用年限较长，存在维护成本高、效果不佳等缺点。为提升区政务中心南北楼整体能源利用效率，打造成绿色、节能、低碳的公共机构，包河区机关事务管理中心采取合同能源管理模式对南北楼中央空调系统进行节能改造。统计数据显示，经过本次能效提升服务后，与 2020 年 7 月~2021 年 1 月相对比，包河区政务中心南北楼能源费用支出减少 31 万元，并减少二氧化碳排放量 272.51 吨，该项目凸显了合同能源管理模式的机制优势,实现了节能减排和节约财政资金的双赢效应。

8. 开展绿色金融业务

拓宽绿色金融渠道,与银行等金融机构建立长期合作机制,开展绿色信贷、绿色租赁、绿色债券、碳汇抵押等业务;推动碳排放核算和交易,实现物流碳资产管理,将控制碳排放作为推动企业绿色低碳发展的重要手段;运用碳减排支持工具等结构性货币政策工具,积极开发政策倾向的碳减排项目;根据绿色金融政策引导布局项目规划,逐渐形成绿色发展路径依赖,积蓄长期碳减排动力。

以兴业银行项目为例,兴业银行绿色供应链金融产品的主要服务对象为节能减排设备的购买企业,当设备购买企业与核心企业即节能减排设备生产企业签订购销合同后,购买企业可以凭购销合同向兴业银行申请贷款,兴业银行在审核合同真实性后以设备作为抵押(或得到核心企业的担保),向设备购买企业提供信贷支持。2021 年 3 月 8 日,兴业银行官网发布文章显示,自 2019 年在国内制定并发布首个绿色供应链金融业务指引以来,兴业银行供应链金融业务快速发展,在重点支持光伏发电、电力生产、新能源汽车、天然气生产供应等行业的同时实现了 56 个绿色国标行业的业务全覆盖。截至 2020 年年底,该行绿色供应链金融业务金额 205.67 亿元,较 2020 年年初增长 67.6%。在"双碳"背景下,兴业银行通过绿色供应链金融助力污水处理企业、锂电池企业等绿色产业低碳发展。

第五节　服务社会绿色转型举措

1. 建设绿色低碳示范基地/平台

加强物流领域绿色低碳产学研用示范基地/平台建设,打造绿色物流文化宣传基地和行业绿色低碳试点示范,特别是开展国内外公认的绿色低碳示范项目是践行"双碳"目标的有效举措。中国外运可围绕屋顶光伏、清洁能源装备、光储充一体化、氢能等领域,着力构造绿色产业体系，打造特色鲜明的绿色低碳示范园区。以试点示范项目为先导，依托企业自身科研力量和资源平台，引领绿色低碳技术创新突破，加快绿色物流技术与绿色低碳装备推广，推动相关基础设施、技术创新中心、工程研究中心、企业技术中心等协同攻关，推进绿色产业集聚发展。

位于西安国际港务区的京东"亚洲一号"西安智能产业园，获得了由北京绿色交易所和华测认证（CTI）颁发的碳中和认证双证书，成为我国首个"零碳"物流园区。与传统的物流产业园不同，京东"亚洲一号"西安智能产业园内所有屋顶都配备了容量为9兆瓦的光伏发电设备，总计10万平方米的光伏屋顶占据了园区总面积的1/3以上，且已并网发电，为园区提供源源不断的绿色能源。仅2021年1~10月就发电约8500兆瓦时，相当于近4000户普通家庭一年的用电量，较火力发电可节省燃煤近2600吨，较采购市电减少碳排放量约5670吨。与"灯火通明"的传统物流仓库不同，自动化立体存储仓库是"黑灯"作业模式，借助智能控制平台，不需要开灯，订单到达后，系统自动从仓库调货出库；没有传输任务时，传输装置可以在1分钟内自动断电，省电又省心。据测试，智能设备通过"黑灯"作业平均1分钟可以省电2283度，相当于一户普通家庭一年半的用电量。为实现瓦楞纸箱减量化，京东目前使用的3层瓦楞纸包装箱比例超过95%，确保每个纸箱重量不超过400克，每年可节省20多万吨纸浆。封箱胶带宽度从53毫米降至45毫米，且明确规范封箱胶带禁止层层缠绕，京东一年内省了4亿米胶带。通过仓内无纸化作业以及电子面单，仅2020年全年就减少纸张消耗1.3万吨。目前，园区实现了仓储屋顶分布式光伏发电系统和储能系统的应用，自主中和部分温室气体排放，剩余排放量在相关机构支持和指导下，通过购买合规碳减排产品的方式100%抵消剩余碳排放。

2. 编制并发布《绿色技术推广目录（2020年）》

物流行业进行绿色转型，绿色低碳技术和管理是关键。加强物流供应链的改进，积极建设和发展绿色物流管理，提高物流效率，采用科技手段降低整个物流过程的碳排放，形成环境友好、可持续发展的绿色供应链体系，是物流行业企业的必然选择。国家发展改革委、科技部、工业和信息化部、自然资源部组织编制了《绿色技术推广目录（2020年）》，普及推广先进适用的节能新技术及工艺，促进绿色低碳技术产业化应用，形成绿色低碳技术创新成果转移转化示范性项目。中国外运有必要加强低碳物流管理和技术的推广应用，特别是低碳运输、低碳仓储、低碳物流管理技术的应用。

2021年11月，《交通运输行业节能低碳技术推广目录（2021年度）》（以下简称《目录》）向社会公示。年度节能低碳技术推广目录的公布，有助于推进交通运输节能降碳，促进资源节约集约利用，为交通运输行业实现"双碳"目标提供技术支撑。统计数据显示，近年来，交通运输部定期发布交通运输行业重点节能低碳技术推广目录，并在节能减排项目中推广应用，成效明显。如港口码头"油改电"技术应用率超过95%；截至目前，全国ETC用户已超过2亿人，高速公路客车ETC平均使用率在70%，货车ETC平均使用率在35%，全国日均可节约燃油约1100吨，可减少氮氧化物排放量约2.59吨、碳氢化合物排放量约8.64吨，一氧化碳排放量约300吨。以《目录》中推荐的一项节能驾驶操作技术为例，结合汽车发动机及整车燃料消耗量试验，从驾驶操作、车辆维护、车型选择三个方面提出节能驾驶技术标准，使汽车驾驶更规范、更标准、更节能。测算数据显示，推广期间，共培训驾驶员2万余人，年节能量/替代燃料量达到24190吨标准煤，年二氧化碳减排量达到60306吨。

3. 开发碳减排方法学和CCER项目

CCER是碳交易市场重要组成，是中国碳交易市场的补充机制。抵消机制可以带来双赢，买方可以通过购买减排信用用于抵消机制降低履约成本，卖方通过出售减排信用获得额外收益，刺激可再生能源、甲烷回收利用以及林业碳汇等产业的发展。碳减排方法学是指经过国家发展改革委备案，在CCER碳减排项目开发过程中用于确定项目基准线、论证额外性、计算减排量、制订监测计划等的方法指南。建议中国外运积极开发碳减排方法学，提早布局CCER项目，可从再生能源发电、生物质、废物处置、农业、林业（森林、竹林）等方面入手，推动碳排放核算和交易，实现物流碳资产管理，将控制碳排放作为推动企业绿色低碳发展的重要手段。物流企业在制定碳中和战略目标的过程中，落实 CCER 将成为重要的内容之一。

2022 年 3 月，北京绿色交易所与北京银行股份有限公司城市副中心分行、北京天德泰科技股份有限公司正式宣布达成 CCER 抵质押贷款合作协议。其中，300 万元的 CCER 抵质押贷款资金将用于支持企业持续推进林业碳汇项目开发和运营，助力碳减排行动和生态产品价值的实现。2021 年，维尔利集团布局碳中和，计划启动开发 CCER 项目。维尔利将公司部分渗滤液处理项目、餐厨厨余垃圾处理项目、生物质天然气项目开发成 CCER 项目，开发出 CCER 碳资产，以进一步提升公司项目收益。相关数据显示，在农业方面维尔利已累计实施资源化案例 250 个，年产沼气量达 5 亿 ~ 6 亿立方米，每年可以减排温室气体 500 万 ~ 600 万吨二氧化碳当量。在市政有机废弃物处置方面，累计中标项目 50 余个，年处置餐厨厨余垃圾 170 万吨左右。

4. 构建绿色低碳标准—评价/检测—认证体系

积极制定物流行业绿色低碳标准，特别是相关国际标准的开发，开展绿色物流指数统计，建立重点领域、重点环节碳排放核算、报告、核查方法学，探索建立全生命周期碳足迹标准，形成标准—评价—认证体系，提高物流行业业务的整体效益，进而实现降本增效、绿色发展。中国外运可针对碳减排目标，制定碳排放标准、碳排放清单、搭建碳达峰目标及路线图、推出碳普惠平台等路径，建立低碳物流绩效考量指标体系和认证服务体系；可以在汽车、铁路、航空、水运、多式联运等运输方式以及仓库、港口、机场等环节，建立碳足迹记录和披露计划，然后再覆盖企业的采购、运营、交付、回收环节，逐步扩展到整个供应链环节，建立系统的指引。

由中国物流与采购联合会、北京交通大学联合北京京邦达贸易有限公司、厦门通程物流有限公司、圆通速递有限公司、重庆长安民生物流股份有限公司等单位共同起草的国家标准《绿色物流指标构成与核算方法》（GB/T 37099—2018）于 2019 年 7 月开始实施，该标准明确了绿色物流的概念，规定了企业绿色物流指标体系与指标核算方法，为推动绿色物流发展奠定了重要的基础。此项技术标准的形成，指明了整个物流行业绿色发展的技术发展方向和路径，物流行业以此为中心实施研发和生产投入，从而形成了技术发展和产业发展的路径依赖。近年来，华为参与制定 5G 标准、中国的特高压输变电技术成为国际标准、阿里获得了 Java 标准制定权、百度受邀参与区块链世界标准的制定、格力空调成为美国和加拿大空调标准的制定者。

5. 协同上下游供应链

联合上下游供应链共同开发绿色发展项目，践行"双碳"战略，打造高效、共享、绿色物流生态圈，提高行业竞争力。要实现上下游供应链协同，需保证价值链各环节的紧密衔接。不仅要加强内部管理系统的协同，同时要与外部高效配合，如上游原材料、零部件供应商、下游经销商、消费者等。建议中国外运建立内外互联互通、供应链联动的协同机制，借力数字化转型与智能升级，打通供应链上下游，多元化管控供应链，扩展到整个产业链的资源优化与协同发展。打造企业内部人员与外部客户、供应商、合作伙伴等高效协同协作的服务平台，提供供应商到终端消费者之间全面综合的供应链解决方案，打造协同发展优势，提升企业效益。

2021 年 9 月，为了帮助企业向快捷的一站式新采购模式转变，京东电脑数码联合京东企业业务、京东云、京东支付共同合作的集成业务战略正式启动，不仅提出了全场景、一站式、可定制的集成解决方案，帮助企业降本增效，还推出了京东集成数智化服务中台，打通上下游供应链，推动集成服务标准规范化发展。京东电脑数码针对行业端品类进行组织整合，成立了办公网络业务部，并单独成立了办公服务组发展企业集成业务。面向中小企业，京东电脑数码以供应链为基础，与品牌和集成商伙伴共建集成服务供应链体系，从商品寻源、品牌授权到商机共享全流程打通上下游供应链。同时，京东电脑数码针对"智能会议、智慧安防、智慧收银、办公打印、网络安全、智慧通行、涉密销毁、智能商显"八大场景重点布局，不仅为企业用户提供咨询设计、京仓京配、垫资回款等一站式服务，还提供包含系统、硬件以及京东云服务等的技术支持，致力于打造办公领域专业的集成方案服务平台，为政企客户提供全场景、一站式、可定制的集成解决方案，帮助企业降本增效。

6. 生态碳汇和可再生能源项目投资

生态碳汇是指利用森林、草地、土壤、海洋等生态体系吸收并储存二氧化碳的能力。通过经营管理增加生态碳汇，并将碳汇进行交易，可以盘活生态系统吸碳、存碳的价值，具有公益性强、生产周期长、易受自然环境影响、不可控因素多等特性，且通常企业运维资金需求较大。依托现有物流园区，重点开发红树林、沿海滩涂等项目，布局林业、海洋等碳汇；积极投资控股"光伏发电、生态修复、帮扶利民"的沙漠治理和草原碳汇，以及有机农业、土壤碳汇等项目，探索生态碳汇金融产品研发，助力企业碳抵消；积极参与全国碳排放权交易，充分利用碳汇实施碳排放权抵消机制，逐步利用市场化机制减碳。

以内蒙古产权交易中心项目为例，作为自治区要素市场的核心机构，发挥平台资源配置功能，围绕服务碳达峰碳中和目标，提供专业交易服务，取得了良好成效。内蒙古大兴安岭是中国最大的集中连片国有林区，生态功能区总面积 10.67 万平方千米。研究表明，内蒙古大兴安岭森林和湿地生态系统"绿色碳库"总价值为 1071.75 亿元/年。内蒙古森工集团正在全力打造中国最大的国有林碳汇储备基地。2014 年，内蒙古森工集团绰尔、克一河等 6 个森工公司先后启动林业碳汇项目试点工作。2017—2021 年，累计销售 VCS 碳汇产品 115 万吨，总收入达 1616 万元。2021 年 4 月，自治区首宗碳汇产权交易项目"内蒙古森工集团绰尔林业局 26 万吨 VCS 减排量项目"在中心进行公开挂牌转让。挂牌期间，中心通过覆盖全国的产权交易互联网云平台"e 交易"广泛进行推介，项目浏览量达到 12316 次，吸引了来自北京、上海、香港、河南等地多家专业投资人和机构的关注。最终由中国碳汇控股有限公司成功受让，成交金额达 299 万元，增值率达 15%。该项目将林业碳汇转化为了生态产品，在为实现"双碳"目标发挥积极作用的同时，实现了生态保护和经济效益的双赢，助力"绿水青山"变成"金山银山"。

7. 发起绿色低碳基金

2021 年 11 月，《关于印发〈关于推进中央企业高质量发展做好碳达峰碳中和工作的指导意见〉的通知》发布，鼓励有条件的企业发起设立低碳基金，推动绿色低碳产业项目落实。据悉，人民银行已向有关金融机构发放了第一批碳减排支持工具资金855亿元，支持金融机构发放了符合要求的碳减排贷款1425亿元，共2817家企业，带动减少二氧化碳排放量约2876万吨。建议中国外运紧紧抓住国家"十四五"规划战略机遇期，依托招商局集团规划布局，聚焦清洁能源、绿色技术、环境保护、污染防治等方向，跟踪国家清洁低碳安全高效的能源体系建设。发起设立低碳基金，推动绿色低碳产业项目落实，深度挖掘风、光等清洁能源潜在发展地区和投资市场上优质的碳中和产业项目，实现企业碳减排，为国家经济绿色低碳高质量发展作出贡献。

例如，由中国石油天然气集团有限公司和嘉汉林业（河源）有限公司发起，在国家林业和草原局、外交部、国家发展和改革委员会、财政部、民政部、科学技术部、生态环境部和农业农村部等有关部委的大力支持下，于2010年7月19日在民政部注册成立了中国首家以增汇减排、应对气候变化为目的的全国性公募基金会——中国绿色碳汇基金会。中国绿色碳汇基金会以增加绿色植被、吸收二氧化碳、应对气候变化、保护地球家园为使命。其宗旨是：推进以应对气候变化为目的的植树造林、森林经营、减少毁林和其他相关的增汇减排活动，普及有关知识，增强公众应对气候变化的意识并提高能力，支持和完善中国森林生态效益补偿机制。基金会为企业和公众搭建了通过林业等措施吸收二氧化碳、实践低碳生产与低碳生活、展示捐资方社会责任形象的平台。企业和个人捐资到中国绿色碳汇基金会，由基金会实施碳汇造林、森林经营等项目，林木所吸收的二氧化碳记入企业和个人碳汇账户并在网上公示。

第五章　企业绿色物流优秀案例

第一节　鞍山钢铁集团有限公司

鞍山钢铁集团有限公司（以下简称"鞍山钢铁"）是鞍钢集团最大的区域子公司，生产铁、钢、钢材能力达 2600 万吨/年，拥有鞍山、鲅鱼圈、朝阳等生产基地，具有热轧板、冷轧板、镀锌板、彩涂板、冷轧硅钢、重轨、无缝钢管、型材、建材等完整产品系列。

鞍山钢铁是中国国防用钢生产龙头企业，中国船舶及海洋工程用钢领军者，已经成为我国大国重器的钢铁脊梁。鞍山钢铁引领中国桥梁钢发展方向，是中国名列前茅的汽车钢供应商，是中国核电用钢领跑者，是铁路用钢、家电用钢、能源用钢的重要生产基地。

鞍山钢铁围绕"11361"战略目标，开展钢铁企业绿色物流管理体系的建设，提升企业竞争力、品牌影响力，获得行业认可，被评为中国绿色物流创新引领企业。

1. 实施管理诊断、明确思路，强化顶层设计作用

鞍山钢铁绿色物流管理体系重点内容包括管理目标、管理原则、管理子体系、管理方法、管理制度、管理评价等。其中，管理目标是构建绿色物流管理体系，通过理论创新、体制机制创新、流程再造、标准领航、数字技术赋能、多方协同创新等夯实绿色物流管理基础保障条件，从而实现提升信息整合力、价值洞察力、决策支持力、风险管控力四项管理能力，实现强化数字技术对绿色物流的引领力、凸显价值创造能力、提升抵御绿色物流风险能力、供应链各方协同跨越升级的目标。管理原则是覆盖物流业务的全方

位、全流程;即钢铁绿色物流管理体系建设离不开企业的供应物流、生产物流、销售物流、逆向物流、回收物流等全流程,要把绿色物流工作落实到"物流作业的全场景",而不是仅仅研究换个新能源车、仓储库加装个光伏发电的屋顶。管理子体系是从物流作业维度分为运输、储存、装卸、搬运、包装、流通加工、配送、信息处理等绿色物流管理子体系。

2. 体制机制创新、协同保障,夯实管理主体责任

(1)体制创新、建立机构,打牢管理基础。

鞍山钢铁遵循绿色物流管理覆盖物流业务的全方位、全流程原则,建立了钢铁绿色物流管理体系建设工作组统管总体工作;从物流作业的八个业务场景(运输、储存、装卸、搬运、包装、流通加工、配送、信息处理)、企业物流的五大方面(供应物流、生产物流、销售物流、逆向物流、回收物流)以及标准化工作角度各自成立了八个业务组、五个服务组等工作小组,并明确了工作组职能,分职能、按业务为钢铁绿色物流提质增效打牢基础。另外,作为中物联的优秀物流产学研基地,鞍山钢铁的"物流产学研"工作组吸纳社会产、学、研、用;各界专家也本着"开发、合作、共享"的原则为绿色物流工作的顺利开展提供了多维的组织保障。作为钢铁行业唯一的国家级物流服务标准化试点单位,标准管理组为绿色物流标准引领做好支撑。总体组、五个服务组、八个业务组、"物流产学研"工作组、标准管理组的设置是要构建敏捷、柔性、协同的组织模式。具体来说,就是从金字塔式的结构转向客户化、流程化、扁平化、模块化的网状结构,管理模式去中介化、去中心化。

(2)机制创新、建立制度,加强管控保障。

鞍山钢铁创新绿色物流相关技术支撑机制、绩效联动机制、能源管理机制等,构建与岗位高度耦合的制度体系,提高控制的有效性、强化钢铁绿色物流的风险防控。机制创新主要表现在三点。第一,坚持绿色科技发展规划先行,鞍山钢铁在"十三五"物流规划和"十四五"物流规划中均有绿色物流科技攻关重点项目,牢牢把握科技工作主攻方向。第二,建立了成果与绩效联动机制,鞍山钢铁通过管理评价,打造充分体现管理、技术等创新要素价值的收益分配体系，营造制度鼓励创新的氛围，激发创新动力、活力。第三，鞍山钢铁以"技术与标准融合创新"的思路，建立了标准和管理创新、技术创新协同联动机制。实现绿色物流管理创新和技术创新开发同时开展标准研制。

制度建设方面，鞍山钢铁从节能减排角度建立了能源管理办法等相关制度，从超低排放角度建立了相关管理办法以及针对隐性绿色物流管理的工艺优化制度；从技术赋能角度执行公司的技术与标准同步开发的制度组织绿色物流标准体系建设；从业务实施的角度将绿色物流条款补充到业务管理制度中，从绩效考核的角度完善了员工的岗位作业说明书，进一步加强了管理的有效性；从供应链上下游把控共同提供绿色物流服务方面，将绿色物流标准和制度中的条款写入鞍山钢铁与供应商的合同中，提升协同创新绿色绩效。

（3）方法创新，开展碳排放监测。

钢铁绿色物流管理要从碳减排、超低排放管理、资源管理等多方面入手。拿碳减排工作来说，稳健的监测、报告和验证体系是采取应对措施、制定能效标准或其他措施的一个先决条件。目前，钢铁物流系统没有成熟的监测计划版本可直接选择，鞍山钢铁从方法创新入手，从"点—线—面—体"流程出发，逐项攻克物流碳排放监测的业务难题，最终实现四个维度、全方位地解决问题。实践中，鞍山钢铁结合国家发布相关文件、钢铁行业碳排放监测计划、物流行业碳排放监测探索项目等相关材料制定了鞍山钢铁炼铁工序、物流作业流程和碳排放监测计划。该计划的定位是通过有效的监测，发现问题、解决问题，提高管理效率；该计划编写的原则是确保计划的完整性、准确性和适用性，以符合法规和相关导则的要求。然后，鞍山钢铁将其复制到其他工序和作业场景，并从"点—线—面—体"流程出发，逐项攻克并做出全方位的报告。这种管理方法创新，给行业也提供了可复制的模板，有利于行业对标工作的开展和碳减排的精准施策。这种由"点—线—面—体"的碳监测管理方法对带动物流行业碳监测有重要意义，并参选了生态环境部应对气候变化司组织的碳排放管理员系列培训教材典型案例。

3. 聚焦流程再造、标准领航，获得绿色最佳秩序

（1）实施物流业务流程再造、提高钢企物流绿色成效。

物流业务流程直接决定着钢企物流绿色成效，鞍山钢铁围绕客户的期望和自身的低碳减排需求，按照绿色物流流程再造框架的步骤和模式，开展具体流程再造工作（见图 5 – 1）。

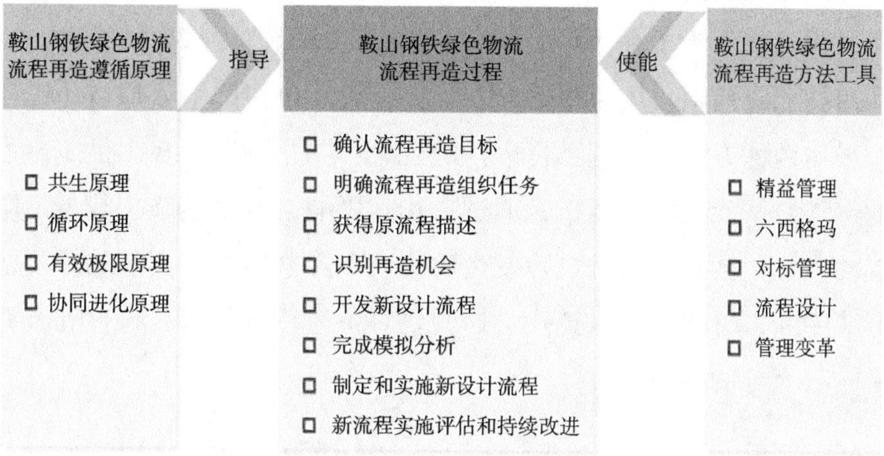

图 5 – 1 的内容：

鞍山钢铁绿色物流流程再造遵循原理	指导	鞍山钢铁绿色物流流程再造过程	使能	鞍山钢铁绿色物流流程再造方法工具
□ 共生原理 □ 循环原理 □ 有效极限原理 □ 协同进化原理		□ 确认流程再造目标 □ 明确流程再造组织任务 □ 获得原流程描述 □ 识别再造机会 □ 开发新设计流程 □ 完成模拟分析 □ 制定和实施新设计流程 □ 新流程实施评估和持续改进		□ 精益管理 □ 六西格玛 □ 对标管理 □ 流程设计 □ 管理变革

图 5 – 1　鞍山钢铁绿色物流流程再造框架图

鞍山钢铁深入研究物流具体业务场景的原流程，以"共生、循环、有效极限、协同进化"原理指导流程分析，从根本上思考具体物流业务活动的价值创造和绿色绩效，利用数字技术和精益管理、六西格玛、对标管理等方法工具，识别再造机会、开发新流程。实施新流程后开展流程价值创造和绿色绩效的监控、评估并持续改进。

如大宗原燃料物流流程再造，一是通过调整运输比例，改变用能结构，对外积极实施"公转铁"调整运输类型；对内强化已投入能耗的铁运货量占比。二是取消所有厂内的露天料场，改为地下筒仓和地上棚室料仓，增加仓内降尘设施，提高环保绩效。三是通过提高双程满载率、单程重载率、直付率等减少或消灭不必要的中转装卸。四是变革厂内大宗货物计量、化检验、验收、出入门岗检查等原有流程，优化门岗为专项物资进出、重新布置计量秤位置、优化送货路径和验收流程，解决流程不畅造成的迂回运输和无效能耗问题。五是通过物流设施设备用能清洁化调整能源结构变

化。如光伏发电仓储库屋顶改造、清洁车辆更新等。六是优化固体废弃物的回收物流流程和物流设备，减少二次污染。

（2）建立绿色物流风控体系、确保钢企可持续发展。

为防范绿色物流风险，鞍山钢铁建立了绿色物流风控体系。一是落实基于供应链管理的绿色物流风险管理体系内容（见图5-2）。二是设定基于供应链管理的绿色物流风险管理流程（见图5-3）；遵循严谨的风险管理方法论，以风险评估作为工作主线，辅以风险管理现状调查等，通过过程推导、总结和出具相应的项目成果报告。三是完善管理手段降低供应链故障带来的损失。采用两种方法来处理不良事件的发生：一是预防，找出供应链中可能发生的例外，估计其发生概率，通过量化其影响，制定措施，减少风险发生的可能性；二是截断，通过风险发生后主动介入来控制损失。如供应链中某关键环节中断，可找另一个替代，这就要对备选环节的可获得性和其对供应链的影响有充分的准备。

完整的风险库	• 形成包括风险分类、风险事件、风险来源、风险动因、风险影响、相关组织、相关流程、相关指标、风险可能性大小、风险影响大小、风险等级等主要属性信息在内的完整风险库，有效应用于管理决策和各项经营管理活动
统一的风险管理策略及政策	• 制定一套由战略出发，包括风险偏好、风险承受度、风险应对策略和风险管理政策原则等信息在内的风险管理策略及政策，指导重大风险的应对和各项经营活动中的风险管理工作
有效的重大风险应对方案	• 针对重大风险制定包括策略、组织、职责、流程、信息、制度等管理措施的应对方案，并引入风险量化、模拟分析等先进的风险管理技术方法，有效管理各项重大风险
完善的内部控制体系	• 结合总体管理策略和重大风险应对方案，落实关键控制，优化和完善涵盖公司各个层面的内部控制体系，建立相应的内控评价及信息披露机制，规范基本控制，打牢管理基础
长效的风险管理机制	• 建立包括风险管理的组织架构、相关职能和风险的信息收集、评估、应对、监控预警、管理改进、危机处理等风险管理基本流程，以及贯穿在流程中的信息沟通机制，并落实相应的管理制度，保障风险管理持续运转和不断提升
有效的风险管理信息系统	• 建立符合公司信息系统整体规划要求，可以充分体现公司全面风险管理思想和技术方法的信息系统，并有效应用在日常经营管理活动中的风险控制、监控预警和重大事项的决策支持等工作

图5-2 基于供应链管理的绿色物流风险管理体系内容

（3）构建绿色物流标准体系、引领钢企高质量发展。

高质量发展是鞍山钢铁的战略目标。标准就是生产力、规则就是竞争力，只有将绿色钢铁物流领域内的标准集成起来，才能推动高质量发展。鞍

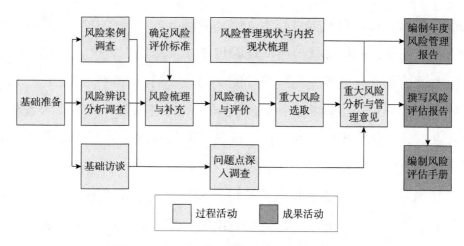

图 5 - 3　基于供应链管理的绿色物流风险管理流程

山钢铁围绕着高质量发展总目标和绿色物流管理内容，构建了钢铁绿色物流标准体系，并编制发布和在研相关绿色物流标准，包括国家标准 4 项、行业标准 10 项、地方标准 3 项、团体标准 5 项。通过标准固化管理成果并推动知识管理模式升级，标准引领绿色物流发展。

4. 凭借数字技术、资源共享，凸显价值创造能力

（1）研发绿色物流仿真新平台、强化绿色物流人才培养。

面对绿色物流专业化人才队伍培训模型缺失的现状，鞍山钢铁与辽宁科技大学合作利用数字技术研发了绿色物流虚拟仿真培训模型。该项目是国内首个结合国家标准《绿色物流指标构成与核算方法》（GB/T 37099—2018）开发的绿色物流虚拟实验，涉及物流八大业务场景的 55 项知识点，导入诸多绿色物流前沿技术，设计了无人车等 3D 仿真场景，通过大气污染物排放测算、温室气体排放测算、运输路径优化测算等培养学习者沟通、评判和创新"能力"；提出了"找问题—做诊断—练决策—学知识—真体验"五步虚拟仿真实验训练法，为虚拟仿真类实验的开发开辟了新思路，为企业绿色人才培养给出了培训工具。

（2）首创数字孪生管理新功能、彰显绿色物流价值创造。

面对国铁局车在鞍钢厂内周转效率低、能耗高的现状，鞍山钢铁开发并实施了"基于数字孪生的局车运输组织技术开发与应用"项目。该项目是国内首例实现钢企与国铁集团数据的互联互通，并率先开发基于数字孪生的钢企局车运输组织技术、低碳智能的钢企局车管控专有技术、钢企铁运物流"数据生态"技术为管理提升提供技术支撑。管理方面，该项目构建供应链数字化转型工作体系，包括现状分析、资源规划、数据能力提升、平台建设与运营、能力评估等重点内容提升管控效能。总之，通过管理创新实践，充分发挥了数字孪生"可视、诊断、预测、决策"的先进功能，使之成为破解全局优化需求与碎片化供给矛盾的武器，提高了能效管理水平，能耗降低 9.4%，实现了经济效益、社会效益、环境效益三提升。

（3）激发数据要素流通新活力、提升绿色物流服务水平。

鞍山钢铁认为供应链上下游企业的协同，特别是物流业制造业两业深度融合创新发展，从更高的层面、更长的链条、更宽的领域去实现更大的绿色绩效，故鞍山钢铁重视供应链平台建设，通过激发数据要素流通新活力，从业务数字化、信息化、网络化、全程可视化方面实现了以客户需求为导向、以提高质量和效率为目标，制造端到用户端的生产制造服务、仓储服务、运输服务、流通加工服务、金融服务、贸易服务等全过程高效协同。其价值体现一方面是通过供应链数字化的创新，提升了绿色物流数据治理能力，极大促进了鞍钢产业绿色物流基础能力的提升，形成了完整的钢铁产业链的生态体系；另一方面是从运输、仓储，到采购、销售、金融等一体化供应链服务模式和协同技术的开发去透过数字及其计算结果看到绿色物流存在问题的本质，提出解决方案，提升绿色物流服务水平，使鞍钢在当前大的经济社会发展格局下，适应时代的要求，形成可持续发展的有力抓手。

5. 重塑融合格局、多方合力，实现协同跨越升级

（1）创造绿色环保新模式、物流业制造业融合发展。

鞍山钢铁注重利用社会物流资源，以绿色环保新模式，为客户做好优质服务。如对汽车钢的配套服务，一是围绕服务于汽车生产厂项目，鞍山钢铁不是新建仓储基地，而是利用社会物流资源、与社会物流业企业共建等方式布局属地化服务的钢材加工配送中心，畅通产业循环、市场循环、经济循环；二是鞍山钢铁协同"国字号"大型物流企业（港口企业，国铁集团的区域公司，中远海等大型海运企业，中储、国储等仓储企业）合体，凭借规模效益降低物流供应链碳排放。

（2）探索共享生产新动力、产业链供应链绿色协同。

在钢厂产生的固体废弃物的回收物流中，鞍山钢铁积极贡献物流资源，与社会物流公司协同合作，减少汽车尾气对环境的污染。循环物流方面，鞍山钢铁发挥自身冶金化工废弃物处理优势，共享资源，服务于国内其他冶金企业和城市。一方面解决了冶金工序难以处理的化工副产物，实现了污染物超低排放；另一方面通过深加工提高其经济附加值，得到社会发展必需的化工产品，例如，染料、药物中间体和碳素材料。

（3）打造资源循环新场景、钢厂与城市的和谐发展。

鞍山钢铁将"公转铁""散改集""多式联运"、滚装甩挂运输、LNG 车的应用、封闭料仓技术、料仓除尘技术等绿色物流技术应用于钢铁物流供应链，并创新开展矿钢循环龙组双程运输，减少物流对环境的影响。这些都促进了钢厂与城市的融合发展。特别是鞍山钢铁全球首发的台架式集装箱运输卷钢类货物，用先进技术实现了取消草支垫使用的目标，彻底解决了此前该模式在国际物流中遇到的物流绿色壁垒的问题。

第二节　无限极（中国）有限公司

无限极（中国）有限公司（以下简称"无限极"）成立于 1992 年，是当前中国头部中草药健康产业公司，无限极在全国有 30 家分公司及 30 家服务中心近 7000 家专卖店，并拥有 10 个海外分支机构。涵盖健康、美妆家居生活三大领域，超过 200 款产品，从田间到舌尖全产业链布局。

无限极积极推广绿色供应链，在供应链环节推广"三箱一车"项目，从原材料供应、生产、加工、成品运输、配送等多个方面进行生产、交易各环节的绿色节能减排方案优化，联合上下游供应企业成立"无限盟"，并将绿色经验推广至上下游盟内供应企业，为参与项目企业降本增效、为我国"双碳"目标达成添砖加瓦。

1. 物流循环箱

（1）供应端：2022 年 10 月，物流原材料供应循环箱正式上线，联合供应商先期投入的 3175 个循环箱，节约纸箱 6574 个，减少二氧化碳排放约 12 吨。2023 年 6 月投入 7675 个循环箱，截至 2023 年 9 月节约纸箱 14219 个，减少二氧化碳排放约 27 吨。

（2）生产端：2022 年 4 月，240 个物流循环箱完成上线前的测试检验，其中手工线循环箱已完成三轮逆向物流回收测试，另外也同步增加物流测试收集相关数据指定验收标准。

（3）销售端：2023 年物流终端配送投入 53132 个可循环周转箱，每年能节约纸箱 637584 个，减少二氧化碳排放约 1228 吨。

2. 新能源车

无限极在运输环节启动新能源车配送，逐步代替传统的燃油物流车，改善配送能源结构，推动低碳出行。

2022 年，新增新能源车 33 辆，累计投入新能源车 70 辆，减少二氧化碳排放量 516 吨，配送覆盖 18 个城市。2023 年新增新能源车 31 辆，累计投入新能源车 101 辆，减少二氧化碳排放 745 吨，配送覆盖 23 个仓配区域。

3. 绿色运营模式

利用新能源车为载体，创造新的物流运营模式，目标是提升客户服务，节能减碳。2023 年，无限极创新流动仓的绿色运营模式，采用"配送车辆＝仓库方式"，将存拣配功能集于一身，同时利用最优线路的数智化赋能，对销售门店进行流动补货，加快了门店的到货时效，最优情况可实现即时交付，提升了服务水平，同时做到了节能减碳。

第三节　中国外运股份有限公司

中国外运股份有限公司（以下简称"中国外运"）是招商局集团物流业务统一运营平台和统一品牌。中国外运以打造世界一流智慧物流平台企业为愿景，聚焦客户需求和深层次的商业压力与挑战，以最佳的解决方案和服务持续创造商业价值和社会价值，形成了以专业物流、代理及相关业务、电商业务为主的三大业务板块，为客户提供端到端的全程供应链方案和服务。

1. 全链路空运清洁能源运输

2023 年 6 月 18 日，中兴通讯 5G 基站＋智能手机从上海浦东国际机场顺利启航。

中国外运空运业务运营平台——外运空运根据中兴通讯的物流需求，组织相关人员，协调相关部门、单位，联系中国外运总部，迅速制定物流解决方案。

汉莎航空公司作为外运空运核心重要空运运力供应商，积极践行环保理念，率先在航空业使用可持续航空燃料（SAF），推动行业实现绿色转型。外运空运根据中兴通讯物流项目对空运清洁能源运输的需要，与汉莎航空公司进行了专题磋商，结合出口地低碳运输设计和进口国接货新能源运输方案，制定出了南京至马德里"5G 基站＋智能手机"全链路空运清洁能源运输物流解决方案。

在物流运输方案实施过程中，中国外运总部、外运空运客户部门、运理部门协同合作，在时间紧、任务重的情况下克服困难，满足客户需求，最终顺利达成目标。

2. 危化品库区低碳场景探索

中国外运积极关注环境保护，实施绿色物流战略。通过库房保温改造、优化运输路线、提高装载率和采用清洁能源车辆等措施，不断降低碳排放和能源消耗。在过去三年中，碳排放强度持续下降。中国外运对奉贤危化品库区进行了恒温仓保温改造、库区太阳能照明、库区食堂电气化、叉车电动、短驳车辆纯电化等系列改造，持续减少燃油等范围一二氧化碳排放，结合库区数字化管理平台建设，为后期绿电利用进行碳核销实现零碳排放，为构建绿色低碳危化品仓储智慧园区打下基础。

（1）新能源利用：库区路灯太阳能改造。

库区共有 86 座高杆灯，每天工作时间 12 小时，每盏灯具 400 瓦；存在能耗大、维护成本高、工作状态不稳定等问题；为加快绿色低碳循环发展，推进绿色转型，实现绿色物流，中国外运采取将传统路灯（86 盏）改造成 LED 太阳能路灯（80 盏）的举措。在确保达到照明标准的前提下，实现节约能耗 81% 以上，每年仅电费一项就可节省 12.3 万元。在减碳方面，传统灯具的电能来源为采取火力发电的电厂，改造后的路灯的电能是由清洁能源太阳能转化的绿电供应，年节约碳约 106.7 吨，年减少二氧化碳排放量约 391.2 吨。

（2）技术改造：奉贤基地食堂电气化改造。

改造厨房区域烹饪方式、排风及排油烟整体布局，降低厨房动火、用电使用风险，奉贤危化品库区办公楼食堂的改造将原来旧食堂为烹饪提供能源的瓶装的液化石油气，改造为采用电能进行烹饪，同等热效应下电力排放强度低于液化石油气强度。2021 年使用液化石油气 4.74 吨，同等热效应需消耗电力 11826 千瓦时。

（3）技术改造：恒温仓货架式、节能、智感式改造。

仓间翻新采用标准立体货架，采取泡沫等保温材料，新装空调构建恒温库。为了更好地控制仓间温度，仓间是硬质快卷门，当汽车到达地感线圈感应区时，车辆传感器给变频控制箱信号，使门体自动开启，当车辆通过后门体自动下降，这样可以保证里面的空调制冷效果。

（4）数字化改造：构建危化品库区数字管理体系。

中国外运加强数字化建设，从客户订单全流程维度，从人、车、货三维，以 IoT 物联感知、三维仿真、动态建模、区块链、智慧云技术构建：车辆预约、仓库管理体系、数字联单、安全环保、能源利用等管理系统。

建设应急预防体系，应急队伍、物资等资源数据入库构建安全护盾。

为应对突发事件的危害，快捷、有效利用各方面资源，运用多种方式与方法对突发事件进行有效的控制和处理。

3. 基于图像识别技术的自动导向车辆（AGV）在快消品仓库的应用

中国外运华北采纳了图像识别技术作为其中心研发与应用机制，并以自动导向车辆（AGV 小车）作为其主导的移动传输工具。为了确保该系统的高效运行，该解决方案进一步结合了无人驾驶叉车和天眼监控系统，使 AGV 小车在复杂的仓库环境中能够准确地自动识别和分类各种货物及其相关设施。在这一技术框架下，中国外运实现了一系列自动化流程，如货架的精准取放、滚筒线的无缝对接、高层货物的准确取放以及高效堆垛等。此项解决方案的实施标志着核心客户的快消品仓库从一个高能耗、劳动密集型模式向一个低能耗、技术密集型模式的成功转变。

第四节　江苏满运软件科技有限公司

江苏满运软件科技有限公司（以下简称"满帮"）是中国领先的数字货运平台之一，由两家公路干线货运平台——运满满和货车帮于2017年合并而成，在贵阳、南京、北京、上海等地多中心运营。

截至目前，满帮业务覆盖全国超过300座城市，线路覆盖超过10万条。2022年平台履约活跃司机数350多万，月均活跃货主数167万，平台成交GTV 2611亿元，履约订单数1.2亿。2022年，满帮集团实现营业收入67.3亿元，同比增长44.6%。

满帮集团凭借覆盖全国的公路网络规模和司机集聚优势，通过技术和模式创新，运用大数据算法技术将线下分散、低效的货运供需信息数字化、标准化、透明化、智能化，实现资源供需的精准优化配置，有效解决了车辆配载效率低、行驶路线缺乏规划等问题，实现了车货匹配效率和运单综合实载率的规模化提升，让车找货、货找车、供需预测、调度响应更加精准与柔性，帮助千万货运司机和货车减少了路上空驶和找货卸货间的车辆空置，提升了车辆运力利用效率和满载率，显著降低了公路货运空驶、空置、空载的"三空"现象，大幅提升了公路货运的总体效率。公路货运实载率的提高直接对应了单位运输周转量的碳排放因子下降，从而帮助道路交通实现温室气体减排，助力交通领域达成"双碳"目标。

1. 满帮构建中国公路货运领域首个碳普惠平台

在国家、地方政策的指导下，满帮推出了"满运碳路计划"，该计划通过联动千万货车司机共建碳普惠平台。根据规划，货车司机将在"满运碳路计划"中拥有个人碳账户，平台会持续跟踪记录运输过程中与碳排放相关实载率、驾驶行为等数据，科学地测算出碳减排基准线，建立一套货车司机绿色成长体系和权益兑换平台。为货车司机打造看得见、可兑现的碳资产，从行业供给端来减少公路货运行业的碳排放量。

2. 满帮牵头编制首个公路货运领域碳减排团体标准

面对公路运输领域为大量分散移动排放源的现状，国际上一直缺乏被广泛认可的碳足迹计量方法学。2022年，由满帮牵头、中国船级社参与编制的《公路货运智能匹配系统的温室气体减排量评估技术规范》（见图5-4）正式通过评审并发布，这是我国公路货运车货匹配领域首个碳减排团体标准。这一团体标准把对公路货运车辆的直接燃料计量转化为对其货运周转量的间接计量。从技术上严格证明，公路货运可以通过提升实载率，降低单位吨公里的碳排放强度。该团体标准基于对交通行业的深刻理解和对国际通用减排算法的认识，从公路货运运输里程和单位里程碳排放因子的角度，设计了完整的减排量算法；通过营运货车实载率及每公里排放因子的敏感度分析，实现了评估方法的科学性、完整性、规范性和可操作性。

中国技术经济学会文件

中技经发〔2022〕10号

关于批准发布《公路货运智能匹配系统的温室气体减排量评估技术规范》
团体标准的公告

各相关单位：

根据《中国技术经济学会团体标准管理办法》的有关规定，中国技术经济学会批准《公路货运智能匹配系统的温室气体减排量评估技术规范》团体标准。现予以发布，详细信息见下表：

序号	标准编号	标准名称	牵头单位	实施日期
1	T/CSTE 0024-2022	公路货运智能匹配系统的温室气体减排量评估技术规范	江苏满运软件科技有限公司	2022-03-29

【附件】《公路货运智能匹配系统的温室气体减排量评估技术规范》团体标准文本

图5-4 满帮牵头编制《公路货运智能匹配系统的温室气体减排量评估技术规范》

3. 满帮与天津东疆综税区就"双碳"达成战略合作

2022年9月，满帮与天津东疆综税区达成战略合作，满帮将深入天津地区货运市场，探索互联网货运平台碳减排技术评估、认证、交易机制，而东疆将为其提供相关支持，并推动碳资产相关凭证的落地。同时，双方将联合推动公路货运领域首个绿色平台的搭建，合力构建一套数据共享与主动披露相结合的排放监测管理机制。未来，双方还将针对天津当地货运周转量及行业实载率开展研究，集成车辆静态动态信息，实现天津市相关货运订单车辆碳排放强度的自动计算，为行业减排及绿色监管提供实时数据参考。

4. 满帮携手更多中国企业共同建设绿色公路货运网络

满帮将持续通过提高供需两侧的网络密度、构建公路物流指挥调度体系、智能标准报价等手段不断优化车货匹配效率，帮助公路物流行业在降本增效的同时实现节能减排、绿色发展。与此同时，满帮平台还通过帮助线路相似的货源实现"拼单"工程，切实降低了中小微企业货主的运货成本，增加了货车司机的收益。

在优化运输组织模式方面，满帮将继续探索多式联运数字化场景，开放协同，促进产业链供应链高效运转。同时，升级货运服务产品，大力拓展零担拼车等业务场景，不断渗透物流货运服务场景，促进物流基础设施网络数字化升级。此外，满帮还将进一步加大自动驾驶、新能源货车的投入力度，以硬核科技赋能低碳、零碳供应链。

满帮希望通过五年的时间，推动公路物流标准化、信息化、专业化和低碳化水平进一步提高，助力整个公路物流行业的空驶率逐步降低到20%以下，同时积极参与清洁能源卡车的普及推广，助力行业将新能源车的占比提升至20%以上。

5. 中国公路货运领域首个"碳账户"在满帮平台上线

6月5日世界环境日当天，满帮集团推出面向千万货车司机群体的"碳账户"，这是目前中国公路货运领域首个司机碳账户体系。它是基于区块链技术在车货匹配场景的应用，让货车司机的碳资产具有可采集、可计量、可视化以及数据要素的不可篡改性。

碳账户首期中，满帮集团为平台3000余名货车司机开通了碳账户，设立专项资金，发放绿色权益，助推有效运输里程增加，降低单位碳排放量。据测算，仅这3000多名司机在满帮平台一个月的减碳量就达到400吨，相当于节省柴油约15万升。随着碳账户持续升级，页面增加了减碳量、碳路日历以及碳足迹等功能，货车司机可以通过碳账户直观地看到每笔订单的减碳量，有助于提升司机的减碳意识与意愿。通过集团的资源倾斜，低碳司机可以参加绿色行动获得相应权益，从而提高接单量，单个司机一年可增加4500元左右的运费收入。

平台司机李师傅驾驶一辆 13 米的爬梯车，常年将福建的机械设备运往内蒙古，助力西部地区基础设施建设。2023 年 6 月 5 日，满帮平台率先为全国 3000 多名司机上线"碳账户"，李师傅成为全国第一批拥有碳账户的货车司机，三个月履约单量环比增长 13.3%，运费收入环比增长 11.4%。

未来，碳账户内容将更加丰富，绿色权益进一步深化，致力于打造一个涵盖绿色出行、绿色消费以及绿色信贷等多方面的司机碳普惠平台。

第五节　京东物流股份有限公司

京东物流股份有限公司（以下简称"京东物流"）于 2007 年作为京东集团内部的物流部门成立，于 2017 年 4 月作为京东集团的独立业务分部运营，并为外部客户提供服务。2021 年 5 月，京东物流于香港联交所主板上市，进入崭新的发展阶段。作为中国领先的技术驱动的供应链解决方案及物流服务商，京东物流聚焦于快速消费品、家电家具、服装、3C、汽车和生鲜六大行业，深耕一体化供应链物流服务这一核心赛道，为客户提供技术驱动的一体化供应链解决方案及物流服务，帮助企业、行业、社会实现降本增效。

京东物流建立了包含仓储网络、综合运输网络、"最后一公里"配送网络、大件网络、冷链网络和跨境网络在内的高度协同六大网络。截至 2022年 12 月 31 日，京东物流运营超过 1600 座仓库，仓储面积超 3200 万平方米（含云仓生态平台的管理面积）。京东物流始终重视技术创新在企业发展中的重要作用。基于 5G、人工智能、大数据、云计算及物联网等底层技术，京东物流不断扩大软件、硬件和系统集成的三位一体的供应链技术优势，构建了一套全面的智能物流系统，实现服务自动化、运营数字化及决策智能化。

截至 2022 年年底，京东物流已申请的专利和软件许可近 9000 项。同时，京东物流构建了协同共生的供应链网络，中国及全球各行业合作伙伴参与其中。通过与国际及当地合作伙伴的合作，京东物流拥有近 90 个保税仓库、直邮仓库和海外仓库，总管理面积近 90 万平方米。

作为国内首家设立科学碳目标的物流企业，京东物流从"环境""人文社会"和"经济"三个方面，携同行业和社会各方力量共同关注人类的可持续发展，着力推行战略级项目"青流计划"。京东物流同时使用更多清洁能源，推广和使用更多可再生能源和环保材料，践行绿色可持续发展理念。京东物流坚持"体验为本、技术驱动、效率制胜"的核心发展战略，将自身长期积累的新型实体企业发展经验和长期技术投入所带来的数智化能力持续向实体经济开放，服务实体经济，持续创造社会价值。

京东物流在供应链物流领域的全链路减碳实践，为行业实现低碳以及可持续发展的绿色供应链带来了明确的行动指引。京东物流努力提升自身基础设施能力和数字技术能力，最大化降低自身碳排放，在仓储、运输、配送、包装等方面的实践经验可复制应用到其他物流行业企业中去。

此外，京东物流积极带动产业绿色低碳发展，持续推进供应链上下游生态伙伴积极融入产业脱碳大循环，构建绿色价值链。基于绿色价值链下的共享碳足迹和分担脱碳成本实现联合脱碳，通过与上下游携手共享供应链碳足迹，包括排放量和减排量，将相互重叠部分的排放量通过脱碳技术去碳化，并通过分担的方式用最小的成本减去最多的碳排放量，实现联合减排与可持续发展。在绿色价值链中，每个参与企业在减少温室气体排放的目标中都显得尤为重要。参与供应链脱碳行动的企业将以共同的碳目标为指引，鼓励产业链上下游企业将"去碳化"作为合作基础，减缓并最终扭转全球气候变暖，实现"生态环境累积效应"。

（1）在绿色仓储方面，京东物流致力于至 2030 年打造出供应链领域全球屋顶光伏装机容量最大的生态体系，为京东物流智能产业园提供绿色能源。2022 年，京东物流位于西安国际港务区的西安"亚洲一号"智能产业园获得由北京绿色交易所和华测认证（CTI）颁发的碳中和认证双证书，成为我国首个"碳中和"物流园区。该园区内屋顶配备了光伏发电设备，总装机容量为9兆瓦，总计10万平方米的光伏屋顶占据了园区总面积的1/3以上，所产生的绿色电力白天可供园区办公照明使用，夜间可通过"汽车+车棚+充电桩+光伏"的项目试点，为电动新能源车充电。该园区建设中的分布式锂电池储能系统将有助于电力平滑和调节，缓解用电高峰时段对电网系统的冲击，同时，园区建立有完善的节能管理制度，在生产作业过程中持续优化分拣、运输流程，实现高效分拣与立库黑灯作业，在效率提升的同时减少碳排放；园区内根据光照条件，优先使用太阳能路灯进行照明。此外，园区还充分利用自身可再生电力优势，采用分布式空调取代锅炉房，最大限度避免化石能源消耗。数据显示，2022年全年分布式光伏组件发电量为985.7万度，根据国家能源局发布的2022年全社会用电量数据，可以满足约10400位居民一年的用电量。同时，较火力发电可节省标煤近1210吨，根据碳交易方法学计算可产生CCER碳减排量约4343.98吨。

（2）在绿色运输方面，京东物流多式联运规模不断扩大，严格依据碳目标导向，基于仓网运筹规划技术，选取碳排放量较低的交通工具、积极推动新能源车辆使用、推进不同货物组合运输，在提升运输效率的同时降低能耗、减少碳排放。2022年8月，京东物流首批换电新能源车投入实际运行。京东物流采用换电模式的城配物流车均使用了全品类车型通用的标准化电池模组，可随时升级为更加清洁的能源，充分进行梯次利用，最大化电池节能减排价值。据测算，通过新能源车整体换电解决方案，京东物流预计可提升所在物流园区储能电量消纳比超25%，减少投放车辆超20%，单车碳减排量可进一步提升超15%，综合碳减排提升率超35%。截至2022年年底，京东物流已在全国范围投放约120台换电新能源车。2022年10月17日，首批京东物流氢能源物流卡车投入运营。此次投用的京东物流氢能源物流卡车为9.6米厢式货车，单次运载量达18吨，仅需3分钟便可完成氢燃料加注，加注一次氢燃料可实现450公里续航。作为京东物流"零碳运输"解决方案的重要环节之一，京东物流氢能源物流卡车为客户实现了部分供应链运输的"净零"排放，相较传统柴油卡车，每月可减少碳排放量约7.53吨，并大幅节约燃料成本。

（3）在绿色配送方面，京东物流在"最后一公里"配送持续引入机械化与智能化设备降低能源消耗，推广环保材质使用，让绿色基因延伸至全链路的每一公里。2022年，京东物流拣运仓库新引入货物感应设备1056套，当拣运设备处于无货状态时会自动停机以节约电量，根据估算全年将节约电费3%。同时，京东物流使用10万块聚氯乙烯（PVC）材料制成的卡板替换木制卡板，使用750万个循环编织袋替换一次性编织袋，与2021年相比，循环包装袋投入环比增长25%，全年循环2.4亿次，节约一次性编织袋8247万个。

（4）在绿色包装方面，京东物流致力于从减量包装、循环包装等多渠道实现推进绿色包装，自2017年至2022年年底，常态化投入使用循环包装箱累计超过2.2亿次。自2017年京东物流首次提出"原发包装"理念之后，2022年6月5日在"青流计划"五周年之际，京东物流推出了行业首个"原发包装认证标准"。京东物流通过优惠政策激励品牌商企业推行原厂直发包装，其中包括宝洁、联合利华等品牌商的数千个商品SKU已实现出厂原包装可直发，每年可减少使用物流行业纸箱20亿个以上。京东物流通过采用可重复使用的循环快递箱"青流箱"、循环保温箱、循环中转袋等方式减少一次性包装材料的使用。京东物流还将开放京东物流材料实验室，作为高校可再生材料创新项目孵化器，推动行业环保材料的使用和技术革新。

作为绿色供应链实践与推行的重要抓手，京东物流自主研发供应链碳管理平台SCEMP（Supply Chain Emission Management Platform）。供应链碳管理平台SCEMP是经核证，且能够吸纳中国超过140种道路运输载具碳排放因子，并基于运输工具的真实轨迹，以最小颗粒度计算的物流运输碳足迹管理平台，也是目前全球供应链物流领域首款囊括上述功能的供应链碳管理平台，填补了当前该领域碳足迹精细化管理空白。供应链碳管理平台SCEMP可实现移动排放源MRV（碳排放监测核算Monitoring、报告Reporting、核查Verification）可视化，并为供应链物流运输全景化搭建计算模型。同时，平台的计算结果符合ISO 14064、ISO 14067、PAS标准系列以及中国生态环境部等政府部门的碳披露要求，数据库还支持一级数据采集的真实性和有效性，有效地解决了移动排放源监测难题。

京东物流长期以来致力于供应链碳排放的计算以及脱碳路径的探索，并在"客户为先"的经营理念指引下，积极为客户解决碳排放管理的痛点。迪卡侬作为京东物流的重点客户，在其中国境内温室气体排放范围三（即价值链上下游的温室气体排放）面临移动排放源监测难、计算难的痛点。京东物流积极着手研发一期供应链碳管理平台SCEMP，为迪卡侬建立碳账户，针对性地解决迪卡侬电商B2B场景下温室气体（CO_2，CH_4，N_2O以及尿素等）碳足迹的计算以及脱碳路径。平台已于2022年11月15日正式上线，在上线的一个月内完成了客户单个场景超过20万张运单的计算量，不仅为客户精准计算了每一张订单的碳足迹同时也为客户根据《CMS－053－V01》（AMS－III. S.）计算出了可核证温室气体减排量，完全可以满足客户要求的碳足迹计算准确度、颗粒度及可视化要求，SCEMP平台已经通过由第三方核查机构必维国际（Bureau Vertias）根据ISO 14064－1标准进行的验证。迪卡侬和京东物流作为各自领域内绿色低碳的先行者，在践行环境保护、绿色低碳方面均做出有益的探索，在此次迪卡侬和京东物流的合作中，京东物流凭借自身在绿色供应链方面的经验和运营能力为迪卡侬中国的低碳运输和碳足迹管理赋能。

第六节　顺丰控股股份有限公司

顺丰控股股份有限公司（以下简称"顺丰"）深刻认识到践行绿色发展的重要意义，一直致力于打造可持续发展的物流供应链服务，通过企业运营的优化与升级，对全行业乃至全社会带来积极影响。顺丰以保护环境、节能减排为目标，不断完善环境管理体系，通过推进低碳运输、打造绿色产业园、践行可持续绿色包装以及绿色科技应用等举措，实现覆盖物流全生命周期的绿色管理，积极打造可持续物流。2022年，顺丰减少温室气体排放量达1557816.4吨二氧化碳当量。

1. 推进低碳运输

为了降低运输过程中对环境的影响，提升能源使用效率，顺丰持续推进运输环节的绿色低碳转型。

绿色陆运：陆路运输是顺丰提供物流服务的主要运输方式。顺丰持续优化运力用能结构，通过提升新能源车辆运力占比、优化燃油车辆选型、管控车辆油耗等方式来减少运输过程中的碳排放量。此外，公司还搭建了能源管理平台实现用能数据管控，并采用大数据、云计算等科技手段进行运输线路优化，逐步推动陆路运输环节的节能减排工作。

（1）运力结构优化。

顺丰通过自购、租赁等方式不断提升新能源车辆数量，持续扩大绿色车队规模。2022年新增投入运营使用的新能源车辆超过4900台，覆盖城市内普通及大件收派、短途干支线及接驳运输等场景。截至2023年上半年，顺丰累计投放新能源车辆超过29000辆，覆盖234个城市。

对于长距离运输和北方寒冷地区运输的场景，公司进行氢燃料、LNG天然气车辆的试点引入。2022年，共有20台氢燃料供能的轻型卡车在上海地区运营，2台LNG牵引车在北京地区运营。此外，顺丰正积极探索车辆换电模式，开展新能源换电车型在干支线运输场景的应用研究，在提升充换电效率的同时，减少电池搭载数量，延长车辆续航里程。

（2）用能数据监控。

顺丰通过新能源汽车系统管理平台对新能源车辆的日常数据进行实时监测，实现了车辆行驶里程、行驶时长、充电时长以及使用和充电时段分布的可视化数据分析。2022年，顺丰启动了自有充电平台系统的搭建。该系统将整合汇集公司自有及市场公用的充电桩资源，并实时更新充电桩资源分布，可及时高效地满足新能源车辆电力补充的需求。

（3）燃油车辆置换。

顺丰持续对传统燃油车辆进行选型优化与置换，通过提升车辆装载容积、置换高轴数车辆、清退高油耗车型等举措，提升能耗使用效率，减少燃油车辆的排放对环境造成的影响。2022年，公司累计置换清退了超过800台燃油车辆。

此外，公司通过车辆节能测试、规范供应商合作要求，筛选出符合业务场景且成本最优的车型配置，实现车辆品牌集中化管理。

（4）车辆油耗管控。

顺丰制定了《营运车辆油耗包干方案》，根据业务场景确定油耗标准、明确油耗目标、细化油耗奖罚规则，实现对车辆的油耗管控。同时，顺丰定期对驾驶员开展与油耗管控及节能减排相关的培训，增强驾驶员的节油意识，降低营运车辆燃油消耗水平。

（5）运输路径优化。

顺丰智能地图赋能运输线路规划，减少过程能耗，通过结合快件需求的时效要求、距离等因素，采用智能算法提供最优解。同时，顺丰依托大数据分析和深度学习技术，整合货运线路和运力资源，提升陆地运输效率，实现车辆与货物的精准匹配。基于地理信息大数据提醒司机优化驾驶习惯，利用预见性导航和节油算法，减少运输能耗。

绿色航空：顺丰严格遵守《中华人民共和国节约能源法》《广东省节约能源条例》等法律法规，持续完善能源管理制度体系。公司建立了《顺丰航空能源管理制度》，同时设立航空碳排放工作组，统筹推进航空运输模块的各项节能减碳工作。为保证碳排放数据的真实可靠性，满足监管机构的碳排放监测要求，顺丰每年都邀请第三方核查机构对顺丰航空的温室气体排放数据进行核查，并出具核查报告。2022年，顺丰航空通过民航局与生态环境部的碳排放核查，并开展环境内审，完成了年度 ISO 50001 能源管理体系认证。

（1）优化机型组成。

顺丰致力于打造低能耗高效率的"绿色机队"，自 2018 年起，顺丰积极引进 747、757、767 等大型货机。新购入的大型货机相较于传统的 737 货机，拥有满载情况下碳排放效率更高、吨公里油耗更低的优点。截至 2022 年年底，顺丰共有 77 架自有全货机。

（2）应用节油技术。

顺丰通过飞行高度层优化、精细化业载、根据预测业载动态调配机型、二次放行、截弯取直和关断辅助动力装置等多项节能减排措施，减少燃油消耗。2022 年，顺丰通过截弯取直技术节约航空燃油量约 1234 吨，减少二氧化碳排放量约 3742 吨二氧化碳当量，通过二次放行节约航空燃油量约 707

吨，减少二氧化碳排放量约 2144 吨二氧化碳当量。

（3）线上燃油管理。

顺丰搭建了航空燃油管理系统，该系统能够有效辅助监控公司航空燃油数据，可实现月度燃油消耗数据统计、节油项目动态监控，并通过系统内置精细化管理模块，提高飞行计划与实际运行的吻合度，全面提升运行品质。2022 年，系统进一步完善了燃油数据统计功能，并完成了 B747F 飞机构型与燃油管理系统的适配工作。

（4）严防维修污染。

针对飞机维修过程中产生的废弃机油，顺丰制定了《废弃油液管理规范》，对飞机维修过程中放出的废弃燃油、液压油及润滑油的处理进行明确规定，要求维修人员按照《危险品管理程序》对废弃油液进行规范管理。基于燃油管理系统的油耗数据统计功能，顺丰会定期对签派员节油数据进行排名，便于签派员掌握自身节油水平，增强节油意识。2022 年，顺丰更新了飞行和签派节油规则及飞行员激励标准，对飞行员的节能飞行实行绩效化管理，通过设置激励奖金，调动飞行员践行节油的积极性。

（5）优化地面车队。

为达成"力争在 2030 年前实现航空基地场内车辆装备电动化率达100％"的目标，顺丰针对航空基地的实际情况，主动清退柴油、汽油客车，新增新能源传送带车、升降平台车、牵引车等特种车辆，逐步提高机场车辆电动化占比。顺丰基地新能源传送带车如图 5-5 所示。

2. 打造绿色产业园

顺丰致力于打造绿色产业园，通过铺设屋面光伏（见图 5-6）、优化仓库空间布局等多种方式，提高中转效率与节能效益，降低中转环节对环境的影响。顺丰针对园区管理工作制定了《物业设备管理制度》和《物业环境管理制度》，通过设备管理、安全管理、装修管理、环境管理等多个模块约束用水用电行为。2022 年，顺丰更新了《园区水电管理规定》《产业园设施设备维养管理指引》《产业园物业服务标准》，明确了设施设备维护保养标准及流程，规范了园区水电管理。

图 5 - 5　顺丰基地新能源传送带车

图 5 - 6　顺丰产业园屋面光伏

　　为提升园区物业管理效率，顺丰搭建了物业系统，包含园区环境绿化、安防消防管理、设施设备维修检测等物业模块，已覆盖产业园所有在运营园区。此外，顺丰不断加强清洁能源的使用，积极布局可再生能源发电计划。截至2022年年底，已完成9个产业园区的屋面光伏电站建设，光伏铺设面积9.5万平方米，总体装机容量达到13兆瓦以上，年发电量984.3万千瓦时。

3. 倡导绿色办公

顺丰建立了《办公场地管理办法》《水电管理办法》等内部制度，积极推动绿色发展理念融入日常工作，鼓励员工践行低碳行为，共同营造绿色环保的办公环境，构建资源能源节约型企业。顺丰鼓励员工召开线上会议，减少不必要的差旅出行，倡导共享办公与常态化远程办公，实现节能减排。公司在运营过程中并不涉及大量水资源使用和废水排放，也不涉及易对水资源造成污染的产品及业务。

4. 践行可持续包装

顺丰顺应绿色包装发展趋势，坚定落实邮政业绿色发展"9917"工程的具体要求，加大包装材料研发的投入，寻求绿色包装材料的技术创新、变革与应用，并不断探索循环包装精细化运营，与产业链上下游合作，促进绿色包装发展。公司以可持续、智能化为方向，推行包装减量化、再利用、可循环、可降解。2022 年，顺丰通过推广绿色包装的使用，减少碳排放量约50.6 万吨。

（1）减量化包装。

为了减少资源浪费和环境污染，顺丰加强源头管理，通过开展过度包装治理专项工作，发布《顺丰包装操作规范》，针对不同种类的托寄物细化包装操作要领，落实绿色包装要求。公司通过智慧包装服务平台持续优化包装方案库，并采用视频、图片等多种形式赋能快递员对不同类型托寄物进行合理包装，在保障快件安全的基础上，减少过度包装。2022 年，顺丰继续推行"丰景计划"，对胶袋、胶纸、贴纸、封条等 8 大类物料进行减量化、标准化、场景化创新研发，通过轻量化、减量化、可折叠等手段，减少塑料消耗。

2022 年累计减少原纸使用约 4.7 万吨，减少塑料使用约 15 万吨。通过包装减量化措施，2022 年共计减少碳排放量约 15 万吨。

（2）可循环包装。

顺丰贴合不同业务场景，开发满足全场景、全功能应用的可循环包装容器，实现容器与载具之间标准化，达到降低损耗、缩短操作时长、降低作业成本的目的。同时开发了智能化管理运营平台，辅助智能容器管理。顺丰针对不同行业和场景投用了保密运输箱、航空集装温控箱、易碎品循环中转箱、食品循环保温箱、医药循环围板箱等成熟产品，有效解决了传统包装和容器成本高、破损多、操作效率低、资源浪费等问题。2022年，循环箱循环使用次数超过3200万次，贡献碳减排量1.3万吨。

（3）可降解包装。

顺丰持续开展生物降解包装材料的研发，积极进行生物降解包装的技术储备。顺丰自主研发的全降解包装胶袋"丰小袋"（见图5-7）已在全国推广应用，生物分解率可达90%以上。截至2022年年底，"丰小袋"已在北京、广州等地累计投放超过6251万个。除了顺丰自研全降解包装胶袋"丰小袋"之外，公司还对各类生物降解包装材料开展试点工作，包括可降解环保胶带、可降解缓冲物料等，逐步减少一次性不可降解塑料的使用，履行环境保护责任，践行可持续绿色包装。

图5-7　顺丰自主研发的全降解包装胶袋"丰小袋"

（4）绿色包装标准制定。

为配合国家邮政管理部门不断健全绿色包装相关法规标准政策体系的工作，顺丰积极参与快递包装相关的国家与行业标准制定工作。2022年，顺丰作为核心企业参与编制了《电子商务物流可循环包装管理规范》和《邮件快件包装回收与循环指南》两项国家标准，致力于推动快递包装绿色治理工作，促进包装资源循环利用，以达到减少环境污染和实现可持续发展的目标。此外，顺丰还成立了包装实验室检测中心，专注于快递物流包装材料检测、包装方案安全验证评估以及包装标准创新研究工作，具备检测 45 个包装品类、超 140 个测试标准、400 个项目的测试能力，已获得行业首批"邮政行业绿色包装技术研发中心"资质，并通过了 ISTA 认证（国际安全运输协会认证）和 CNAS（中国合格评定国家认可委员会）认证。顺丰包装实验室检测中心不断加大基础研究力度，在功能性包装技术、生鲜保鲜温控、绿色化技术、包装碳排放评价、国行企标标准化方面，与数十所高校建立联系，构建专家资源库，开展多项研究课题，助力物流模式转型，并填补行业空白。

第七节　日日顺供应链科技股份有限公司

日日顺供应链科技股份有限公司（以下简称"日日顺"）成立于 2000 年，前身为海尔集团物流服务部，自成立以来先后经历了企业物流→物流企业→物流平台多个发展阶段。日日顺以"科技化、数字化、场景化"为发展战略，建设"科技化"基础物流服务能力、"数字化"供应链管理能力、"场景化"用户服务能力。经过 20 多年发展，成为中国领先的供应链服务方案提供商。

日日顺为客户提供采购、生产制造、商贸流通以及服务交付等环节的全流程供应链一体化管理服务，为多行业客户提供定制化的供应链解决方案。通过数字化的运营能力，日日顺构建并管理了覆盖全国、送装同步、到村入户的稀缺物流服务网络。截至 2022 年 12 月 31 日，公司运营超过 900 座仓库、超过 15000 条干线运输线路、近 18 万辆运输车辆以及近 5000 个服务网点在内的基础设施及服务资源，可在全国范围内提供"送装同步"差异化服务，以及在全球范围内提供跨境物流服务。

日日顺积极应用物联网、云计算、边缘计算、大数据、人工智能等先进技术，建设运营供应链全流程一体化智慧物流管理平台，规划实施和运营居家大件领域最大的智能无人仓集群，成为行业数字化、智能化发展代表性领军企业。

1. 日日顺制造供应链 VMI + 管理模式

工业 4.0 时代，传统制造向智能制造转型升级，制造模式由"大规模制造"转型为"大规模个性化定制"模式，呈现"按单定制、零库存、智能化"等特征，工厂定位由传统的"制造中心"转型为"交付中心"，以满足大规模个性化定制的小批量、多批次、高频次需求。

传统的 VMI 供应商管理库存模式（见图 5-8），由制造商将零部件需求信息传递给各家供应商，供应商根据需求信息在指定时间内将指定零部件按指定的数量送达指定地点。涉及供应商数量多，分头供货带来了多头对接、管理散乱、标准化程度低、供应链稳定性弱等问题。

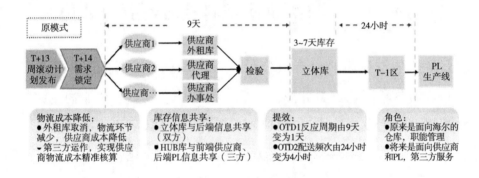

图 5-8　传统 VMI 供应商管理库存模式

日日顺重组供应链生态关系和组织架构，变革传统 VMI 模式下工厂对接上百家供应商的一对多模式，建立了连接供应商和智能工厂的 VMI + 第三方服务平台，成为连接智能工厂和众多供应商的供应链集中管理服务平台。日日顺对数以百计供应商和数以万计零部件产品进行数字画像和数字契约管理，融合处理智能工厂和供应商网络海量数据，将供应商库存三方集中化前置管理，根据工厂需求提供前置齐套、前置检测、前置组装等服务，将制造供应链要素管理在时间和空间上前置，显著降低了供应商的经济时间成本，提高了供给效率和供应链稳定性。日日顺 VMI + 供应商库存集中管理模式如图 5-9 所示。

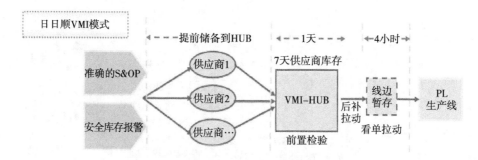

图5-9 日日顺VMI+供应商库存集中管理模式

2. 日日顺全流程一体化智能物流管理

传统供应链管理面临诸多难题：服务链条长、管理对象多、服务主体多、服务范围广、货物规格多、数量大、服务需求个性化。传统的物流管理系统和人工调度方式已经无法满足现代供应链管理需求，亟须全流程一体化物流管理服务和智能化管理能力。

日日顺基于数据即服务架构理念，通过研究数据湖架构和多源异构数据采集管理和数据网链集成技术，建设供应链大数据集成处理能力，打通了供应链管理链条中的数据孤岛，开发了全流程一体化智慧物流管理平台。该平台可提供从制造供应链零部件和成品的管理服务，到提供流通供应链的居家大件产品全国无盲点的"云仓智配"服务，以及全球范围内的跨境物流服务。

日日顺探索应用机器学习、深度学习、强化学习、遗传算法等先进技术，开发全流程智能管理算法，实现智能仓储、智慧路由、智能配送、数字孪生虚拟仿真、智能月台等管理能力。

智能配送管理能力举例：对于以多个业务目标为优化目标（时效、成本、装载率等）和多个场景条件为约束（时间窗口、里程数、串点数、车型等）的复杂VRPTW、VRP问题，使用ALNS（大邻域搜索技术）启发式算法、MDP（马尔可夫决策过程）和强化学习进行求解，建立智能管理模型和处理系统，实现智能配送调度管理，改变了人工调度带来的资源利用率低、调度效率低、配送成本高、服务质量低等系列问题。日日顺智慧运输—配送示意如图5-10所示。

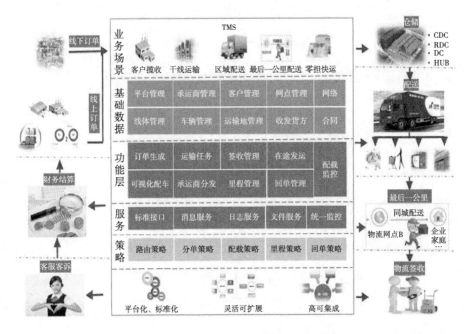

图5-10　日日顺智慧运输—配送示意

智能仓储管理能力举例：在仓储面积需求预测方面，根据大数据分析对仓面积进行周期性阶段性的预测，使用时间序列算法指数平滑、ARIMA模型、PROPHET模型和BP、LSTM等深度学习模型进行求解，建立智能预测模型和处理系统。通过预测性扩容或缩容，在满足客户需求的前提下，提高仓面积的利用率，减少空置，提高管理效益。

数字孪生虚拟仿真管理能力：基于物联网、5G通信、虚拟仿真技术，开发物流园区和智能仓数字孪生可视化管理系统，可实时全域可视化监控。数字孪生系统对接WCS、iWMS系统，实时显示各个生产流程、设备状态、动作等关键信息，设备数据通过设备监控模块进行整理和实时信息绑定，以三维模式仿真作业状态。实时可视化管理，显著提高智能仓管理效率。

3. 日日顺大件智能无人仓集群

伴随自动化、智能化技术发展和设备应用，物流行业正从传统的劳动密集型向智能型转型。各类智慧物流管理方案和智能物流技术方案蓬勃发展，集成各类先进技术的智能仓大大提高了仓储作业的效率和质量。但各行业具有自身需求特征，居家大件智能无人仓在行业内缺少实践案例。

日日顺于2020年6月建成了国内首个居家大件无人仓，通过全程自动化、智能化装备实现了精准高效的无人黑灯仓库作业，对多货主多规格货物精准管理，实现渠道库存共享。库内实现全自动无人化、24小时不间断黑灯作业。日处理订单高达24000件，等同于40～50人在6万平方米仓库的工作量。2021—2023年，日日顺持续规划实施多类型智能无人仓，在青岛、佛山、合肥、杭州、南昌等地建设了8座大件智能无人仓，运营起行业最大的智能无人仓集群。

日日顺大件无人仓，集成应用物联网、自动化、边缘计算、云计算、大数据、人工智能等先进技术，管理DWS视觉扫描站、四向穿梭车、AGV、关节机器人、桁架机器人、智能分拣模组等各类智能设备，实现仓储作业全流程无人化。以海尔中德智能制造园区配套的智能仓为例，仓内智能设备包括357组智能输送分拣模组带、1套DWS扫描站、8台拆码垛机械手、8套称重系统、6台智能提升机、13台RGV、16台堆垛机、18台四向穿梭车、20台搬运AGV。日日顺中德无人仓规划为入库、出库、仓储、预出库等多个仓储作业区，采用24米高位立体货架AS/RS系统和四向穿梭车密集存储系统等两种技术方案，兼容支持零部件、成品大件、成品小件的智能化管理运作。

智能无人仓集群的管理运营，离不开智能仓大脑——集成控制系统，日日顺自主开发了智能仓集成控制系统。控制系统任务引擎，解析智能仓储管理系统WMS任务指令，按照逻辑判定任务性质、优先级，实时读取设备当前状态以及设备之间的协同关系，应用智能调度算法实现高效任务分发。控制系统消息引擎，与PLC及智能物流设备之间保持实时通信，读取智能设备状态信息、任务进度以及异常情况，实时监控和反馈机制实现异常快速响应。控制系统根据客户的需求和设备的动作流程，按照设备的每个独立结构和功能单元进行模块划分，建立调度优化算法模型库，进行分区集群设备调度和单机智能设备的路径规划和优化，实现智能设备集群高效有序调度。

日日顺大件无人仓集群的规划实施和运营，全面减少了作业人工投入和传统燃油设备使用，降低了货损和货差，减少了安全管理风险，为行业智能化、绿色化发展提供了可参考的示范案例。

第八节　浙江省烟草专卖局（公司）机关工会委员会

浙江省烟草专卖局（公司）机关工会委员会（以下简称"浙江烟草"）坚持以习近平新时代中国特色社会主义思想为指导，全面贯彻落实党的二十大精神和习近平生态文明思想，按照行业物流"精益高效、协调共享、绿色循环"发展要求，将绿色低碳理念贯穿于物流规划、建设、运行和服务全过程，构建供应链内外双向循环运行模式，深入推进浙江烟草物流绿色低碳循环发展。

1. 聚焦物流园区能耗智控，构建内循环

（1）在行业率先建立物流碳排放一本账。

根据《陆上交通运输企业温室气体排放核算方法与报告指南（试行）》《2006 年 IPCC 国家温室气体清单指南》等碳排放相关政策文件，结合浙江省实际情况，按照数据可得、方法可行、结果可比的原则，编制碳排放"一本账"，明确碳排放核算边界、碳排类型和统计口径等。当前碳排放"一本账"共包含了作业、办公、供应链 3 大领域的 25 项碳核算内容，做到了全省物流园区碳排放核算边界、内容、标准、取数和评价的"五个统一"。目前这套碳排核算账本已经在全省烟草系统全面应用。

（2）全面系统开展绿色物流评价。

自 2021 年 8 月启动绿色物流评价指标研究，浙江烟草已逐步构建出一套科学、系统、适用的商业企业绿色物流评价指标体系，客观评价各地市绿色物流发展水平，科学指导开展绿色物流工作，系统推进绿色低碳转型升级。评价指标体系涵盖了绿色能耗、效益、管理三大类型，共13 项指标，兼顾了不同区域、不同规模物流园区的特点，具备了较好的通用性，可以有效指导各地开展绿色物流工作。按照"先达标、后对标"的工作思路，将单箱物流作业碳排量等关键核心指标纳入地市对标考核，有效发挥考核导向作用。同时，积极承担烟草行业绿色物流评价体系编制工作。

（3）建设全省统一的物流能耗管控平台。

浙江烟草开发的全省统一的物流能耗管控平台，搭建以物联网技术为支撑的绿色管控场景，具备能耗数据采集、监控和预警能力，实现物流园区能耗数字化智能管控。分区域、分环节开展常态化能耗数据采集监测，动态显示物流园区水电油气等碳排放数据；对能耗数据采集质量进行日常监测，开展能耗数据分析和预警，及时处理能耗异常，找准能耗管控切入点；依托可视化图表和数字建模，建设绿色园区驾驶舱。

（4）开展物流全链路的作业智能排产。

浙江烟草以业务数字化为基础、管控智能化为关键、应用场景化为驱动、决策智慧化为导向，依托智慧物流平台，搭建物流作业一键排产应用场景，提高物流作业效率、降低物流能耗。一是智慧分拣降能耗。建立分拣线用时监控模型，根据分拣线、包装机电流变化情况，细化预热时间、工作时间、休息时间等时间范围，精准判断各条分拣线能耗分布和变化情况。建立能耗最优排产模型，收集分拣量、分拣时长、分拣能耗等实时数据，利用机器学习算法生成能耗最优排产方案，实现设备、人力、作业时长和分拣任务的最优匹配。二是智慧配送提效率。基于区域销量、客户集聚、路网规划、物流资源等数据分析，运用蓄水池送货、梅花送货、块状送货、聚类送货、弹性送货等算法，持续优化送货线路；运用车辆定位、NFC 卡、监控等技术，开展数字化送货监管，强化配送规范作业监管。

此外，还积极开展物流园区照明、空调智能管控，园区雨水回收循环利用。

（5）积极使用清洁能源推进节能降碳。

一是建设分布式发电设施。2022 年所属台州、湖州市公司卷烟配送中心完成分布式光伏项目建设，2023 年累计发电量 62.5 万千瓦时。金华、衢州市公司光伏项目于 2023 年年内完成建设，建成后全省用电清洁能源比重达10% 左右。二是推广新能源车使用。积极采购物流新能源车，持续扩大新能源车使用数量，不断提高新能源车使用性价比，新能源车占比达 23%。

2. 聚焦供应链上下游资源复用，拓展外循环

浙江烟草作为行业供应链的重要一环，同供应链上游工业企业积极开展烟箱循环利用和整托盘联运工作，同供应链下游零售客户开展裹膜回收工作。

（1）开展烟箱循环利用工作。目前，浙江烟草积极与8家工业企业开展卷烟包装箱循环工作。"十四五"以来累计返还工业企业卷烟包装箱1800多万只，总返还比例达101%。

（2）持续扩大托盘联运规模。浙江烟草积极与省内外各工业企业开展托盘联运工作，"十四五"以来，累计完成托盘联运270多万箱，极大地提升了卷烟装卸、入库效率。2023年以来充分发挥工业前置仓和区域集散中心模式优势，扩大省际托盘联运范围，实现托盘联运规模有效提升。

（3）选点开展裹膜回收工作。浙江烟草主动履行保护生态环境的社会责任，营造人人参与绿色循环的良好社会氛围，面向全省卷烟零售客户开展裹膜回收工作。浙江烟草按照客户自愿参与原则，明确作业流程和职责分工，选点开展零售客户裹膜回收工作，做到标准化运行、程序化管控、流程化操作，形成"配送、回收、保管、处置"的裹膜回收闭环管理，将卷烟包装裹膜回收打造成"绿色工程""民心工程"。

（4）积极开展返程物流工作。积极发挥烟草配送网络触及农村末端优势，开展公益物流运输服务，盘活卷烟送货车辆返程空载运力，打通助农便民"最初一公里"，截至目前浙江省共设立返程物流点230个，累计提供返程物流服务803次。

近年来，浙江烟草绿色物流建设工作取得了一定成果；开展烟草行业绿色物流评价体系研究，课题成果获得烟草行业精益物流重点课题二类优秀成果；所属湖州、台州烟草获得中国仓储与配送协会颁发的一级绿色仓库认证。"十四五"期间，浙江烟草将坚定不移地推动发展方式绿色转型，深化制度创新，加快技术进步，建立健全绿色低碳烟草供应链产业链，持续推进绿色低碳循环发展。

第九节　北京福田康明斯发动机有限公司

北京福田康明斯发动机有限公司（以下简称"福田康明斯"）成立于

2008年，是全球领先的动力解决方案提供者康明斯（中国）投资有限公司与中国商用车企业北汽福田汽车股份有限公司以50∶50比例合资组建，是生产轻型、中型和重型柴油发动机的企业。产品包括康明斯F系列2.8升和3.8升轻型，F系列4.5升中型，X/A系列11、12、13、15、11工程版以及12N、15N天然气版重型发动机。

福田康明斯基于智能物流的行业发展态势，制定了与企业高度匹配的"黑灯"仓库的战略目标，以器具及循环包装的标准化管理为基础，通过引入AGV&立体库等智能化设备，结合行业领先的配送模式、管理系统等，达到降低人员投入、创造绿色供应链的数字化工厂的目标。

1. 提供触手可及的智能物流方案

（1）SPS配送模式。

基于绿色物流、智能制造的发展方向，福田康明斯工厂智能化物流规划中引入了SPS配送模式（见图5-11）。通过智能拣选系统实现HD工厂U区自动化分拣、配送与生产线随行的智能化物流配送模式。

图5-11　福田康明斯SPS配送模式

通过引入 AIoT 技术实现作业模式的升级和现场系统的数字化改造，主要包括 SPS 区亮灯拣选、补货拉动、与 AGV 联动、人员定位等。

在 HD 工厂 U 区的 SPS 拣选区引进具有 RFID 智能手环读取能力的 PTL 亮灯拣选与防错系统。SPS 区拣配工作人员通过 PC 端获取由生产队列信息拆分的 BOM 物料拣配单。工作人员拍下工段拣配任务启动按钮，AGV 调度系统调配 AGV 进入拣选工段配合工作人员完成拣选作业。PTL 亮灯拣选与防错系统启动相应区域库位灯点亮，指引工作人员拣选作业，完成无接触式的单成套分拣和上线配送作业，提高拣选效率，并降低拣选作业错误率；仅用 3 人即可在 1 分钟内，从 396 种物料中拣选出所需物料，大大提高了生产节拍。

（2）智能化立体库（AS/RS）。

福田康明斯通过引入智能化立体库（见图 5-12），实现了原材料缸体缸盖自动化快速出、入库，按照生产需求与 AGV 进行信号互通，能够精准锁定物料需求，实现精准配送，不仅节约了现场存储面积，还减少了上下料人员，降低了作业安全风险，同时实现先进先出，符合企业仓储管理要求。

（3）AGV 平台化。

福田康明斯通过与业内顶尖的 AGV 厂商合作，采用统一品牌型号、统一导航方式、统一机械结构、统一电气系统、统一调度系统、统一售后服务，结合 5G 通信模式，共同打造出满足福田康明斯零部件自动化搬运的智能化物流体系，即 AGV 平台化体系（见图 5-13）。

该 AGV 平台化体系，可满足多产品混线生产，因其 AGV 结构设计考虑了结构的通用性，可极大地提升现场 AGV 利用率，以最少的设备投入，满足现场柔性供应、柔性生产的目标，具有调度系统平台化、调度系统运营精益化的特点。

该平台上线后，通过 AGV 避障功能，解决了原有叉车配送与人员交叉的安全风险，同时减少了人员配置、提升了配送效率。

2. 为 JIS 配送提供定制标准化器具

通过打造标准化器具类型，采用通用型结构，新增零件仅更换内衬即可适配，快速经济。同时，可降低物流工装平均采购成本 24.5 万/年，还能提高响应速度，缩短制作周期 6~8 周/次。

图 5-12　福田康明斯智能化立体库

图 5-13　福田康明斯 AGV 平台化体系

器具选型需要对零件防护特性（大小/形状/重量等）、吊装、清洁度、JPH 等输入因素做综合评估。

第十节　中集运载科技有限公司

中集运载科技有限公司（以下简称"中集运载"）系中国国际海运集装箱（集团）股份有限公司控股子公司，总部位于深圳蛇口。

中集运载深耕单元化物流载具领域，行业经验 20 年以上，截至目前，共获得国内发明、国外发明与实用新型授权专利 200 多项，产品种类上千种。服务涵盖循环载具研发制造、共享服务及一站式综合解决方案，主要服务领域聚焦汽车、化工食品、家电等行业。

1. 美芝（GMCC）压缩机循环包装运营整体方案

美芝，国内空调压缩机龙头企业，年产销空调压缩机达到 1 亿台，平均每 2.5 台空调就有一台使用美芝的压缩机。

伴随着压缩机的拼接组装，各种型号的一次性包装也开始在终端摆放上线：K 系列压缩机一般单托摆放 3 层，外包装包括"1 个木托盘 + 3 片纸质底垫 + 3 块木中板 + 120 个垫圈"；N 系列包装一般单托摆放 2 层，外包装包括"1 个木托盘 + 2 个 EPS 盖垫 + 2 片木底垫 + 1 片木顶盖"，其他机型的包装情况不一而足。

（1）拟解决问题。

为美芝降本增效：根据经验推算，家电行业的包装费用占企业营业收入的 1% ~ 2%，以美芝的体量，采用循环包装后，包装上降低的费用十分可观。

间接促进客户现场管理，提高工作效率：除了购置一次性包装的费用，一次性包装对美芝及美芝客户现场的 5s 管理及工作流程也造成了较大的问题——泡沫掉屑情况严重，难以及时清理；木板时有暗刺，对工人工作效率造成影响；包装类型太多，管理成本上升等不一而足。

（2）实施流程。

针对一次性包装涌现的问题，中集运载与美芝多次探讨后达成以下共识。

优化美芝现有的包装。针对美芝的压缩机包装，由中集运载设计各参数不低于现有包装的循环包装方案，从几款主力机型开始试点。

双方通过包装租赁的方式推进合作——中集运载负责生产并持有相关包材，美芝向中集租赁包装获得使用权，替代原有的直接购置包材。

中集运载在包装上装载数字化模块，加强对包装管控的同时间接实现箱货共管，增加双方各环节的信息透明度。

（3）基于以上共识，双方开始进行循环包装运营方案的构建及实施。

基本流程确认：美芝发送包装需求给中集运载—中集运载确认需求，堆场工作人员挑选清洁可用的空包装发货至美芝—美芝使用包装装载压缩机后发货至下游客户—下游客户使用完毕后，中集运载到现场安排回收—回收区内的包装满足回收数量后，运营人员协调装车并回运至堆场—堆场人员对每一个包装进行扫码及清洁，确认入库完毕。

数字化模块赋能：中集运载在包装上均加装有 RFID 等数字化模块，通过在基本流程的各节点扫码，将信息上传至中集运载自研的包装管理系统，实现对包装全流程的闭环管理。中集运载运营人员可通过系统实时反馈的节点信息，清晰了解各节点包装的数量，进而判断各节点目前的运行情况及风险，增加回收、调拨等决策的合理性。另外，通过系统阶段性的数据回顾，中集运载可以量化评估每一阶段的项目运营情况，并及时调整运营策略，为美芝提供最优的服务。

2. 威灵电机循环包装运营整体方案

深入研究家电行业，根据行业产品和供应链特点，定制化设计相适配的可循环智能化新型载具，替代传统一次性包装。威灵作为全球最具规模的微电机核心制造商之一，产品行销全球，需要大量的包装箱用于装载、发货销售，基于此，中集运载为其设计并推出循环包装租赁的运营方案。

（1）拟解决问题。

全程使用循环包装，减少一次性包装使用。

通过系统及硬件设备智能管理循环包装，了解各环节的包装使用情况，提高包装周转次数，控制包装丢失率。

利用条码绑定功能，结合数字化系统实现箱货同管。

（2）实施流程。

根据威灵需求，堆场管理人员将符合质量要求的空循环包装发至威灵，威灵装载电机、再发货至下游客户，下游取出电机产品，包装使用完毕、释放，统一分拣整理至回收区域。当可回收的包装数量达到一定装载规模时，运营人员安排车辆将其运输回堆场。威灵电机循环包装如图5-14所示。

图5-14　威灵电机循环包装

与此同时，中集运载研发循环包装租赁管理系统，结合安装在包装上的芯片，在各个使用环节，如送货、重箱出库、回收、调拨、退换货等环节，均可通过扫描芯片、系统建立单据，全流程闭环管理资产。

系统实时反馈各节点的包装数量，一目了然，包装分布清晰可见，可设定仓库、回收点的需求和存放预警值，为回收、调拨等判断提供数据支撑。

可查询每一个包装的活动轨迹，进一步了解包装使用情况，如某环节占用天数是否过长，某破损包装是在何处发生，长久未流动的包装最后一次出现在何处。

系统包含项目数据库，可个性化设计管理报表，根据需要输出分析报告。

3. 大型家电退返机循环包装物流供应链解决方案

现有的纸包装在多次循环利用后会对电视等家电造成不可逆的损伤，所以在现有的家电正向物流及退返机物流中，最大的问题就是屏损及责任的认定，基于此，中集运载为其设计并推出循环包装租赁的运营方案。

（1）拟解决问题。

全程使用循环包装，减少一次性包装使用。

通过系统及硬件设备智能管理循环包装，了解各环节的包装使用情况，提高包装周转次数，控制包装丢失率。

利用条码绑定功能，结合数字化系统实现箱货同管。

利用保护性更强的材料，解决电视运输过程中出现的屏损问题。

（2）实施流程。

按照客户的要求将循环包装发至当地不同网点，回收商在绑定箱子后带箱上门取货，回收至回收点或者电视厂家，待电视修好后上门安装。

中集运载的箱子在投入运营后，能够相对应地降低物流运输过程中可能导致的碎屏风险，可视化的电子纸屏幕也减少了一次性纸面单的使用，符合绿色可循环发展的理念。

第十一节　上海箱箱智能科技有限公司

上海箱箱智能科技有限公司（以下简称"箱箱共用"）成立于2013年，是一家全球领先的运用物联网技术的智能物流包装循环共享服务商。凭借十余年全行业物流包装、物联网、循环管理等综合研发能力，以及5G、大数据、AI辅助决策等创新技术，形成了"包装＋循环服务＋数据"一体化绿色供应链解决方案，为万华化学、海尔集团、中车尚驰、霍尼韦尔、欧莱雅、沃尔玛、博世、美的等来自新能源、新材料、汽车及家电零部件、生物医药等领域近2000家全球知名和行业头部企业提供智能物流包装技术和循环运营服务，先后在世界级"灯塔工厂""博世无锡工业园""美的微清'灯塔工厂'""欧莱雅苏州尚美碳中和工厂"

"海尔中德智慧园区"等工业园区和制造工厂成功应用。箱箱智能科技兼容设备如图 5 – 15 所示。

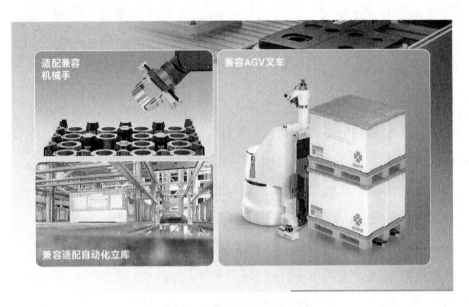

图 5 – 15　箱箱智能科技兼容设备

截至 2022 年，箱箱共用在中国部署了 30 个中心仓、2553 个上下游循环服务网点，投放了 200 万套智能循环包装，面向非危化学品、新能源、汽车及家电零部件、食品饮料、生鲜冷链五大行业的 26 个垂直细分领域客户提供专业包装循环服务。

1. 非危化学品行业案例——万华化学绿色供应链循环解决方案

箱箱共用根据万华化学的产品特性及灌排条件，为其定制了专属智能 IBC 解决方案，并依托箱箱共用云管理平台，实现一箱多段的联动共享，即从上游原材料装运，再到下游成品发送的全链条循环。另外，箱箱共用开发了自动化结算系统，实时收集数据，通过"包装 + 服务 + 数据"一体化智能 IBC 循环方案，不仅使 TCO 总成本降低 30% 以上，更协助万华打造出低碳绿色供应链的基础。

（1）平台解决方案。通过共建智能 IBC 包装资产池，利用数字化平台管理，能够服务区域内的集群客户，实现标准、服务和管理的统一。此外，通过 IoT 物联网模组方案，能够解决供应链的资产管理、防窜货管理、防丢失管理、循环周转管理等痛点问题。

（2）包装智能化方案。1040 吨立方米 + 一箱一码 IoT 解决方案。

（3）管箱 SaaS 系统。在线订单系统、资产分布图、库存预警、空箱超期预警、丢失预警、箱货共管、可视化在途跟踪、资产利用率分析报表、AI 调度。

（4）绿色成果。替换一次性包装：16800 托（2022 年）；减少供应链碳排放量：2842.56 吨二氧化碳当量（2022 年）、40608 吨二氧化碳当量（2025 年预期）。

2. 汽车零部件行业——博世氢能智慧循环服务平台

（1）案例举措。箱箱共用通过新能源零部件循环包装定制 + 数字化循环运营服务技术创新，为博世中国 5 个工厂及供应链上下游伙伴提供 PaaS 循环服务和循环管理解决方案，累计实现循环超 300 万箱次，涵盖电机零部件、喷油器、ECU 等多个核心部件，全面匹配博世集团自动化立体库和数字化管理需求。

（2）平台解决方案。与博世集团制定统一的包装管理标准，箱箱共用通过 VMI 模式统一为零件供应商供应包装。智能云交割技术可实时获得上下游的出入库记录和实时库存，带有 IoT 模组的围板箱，可实现在途可视化的功能。

（3）包装智能化方案。标准围板箱 + 单元化折叠箱 + 超轻型卡板箱 + 一箱一码 IoT 解决方案。

（4）管箱 SaaS 系统。出入库记录、库存数量、库存预警、丢失预警、可视化在途跟踪、用量报表。

（5）绿色成果。替换 次性包装：49903 托（2021 年）减少供应链碳排放量：3068.4 吨二氧化碳当量（2021 年），13343.3 吨二氧化碳当量（2025 年预期）。

3. 家电制造行业——美的"灯塔工厂"定制化循环解决方案

案例举措：箱箱共用将数字化和信息化嵌入循环服务的核心环节，通过智能复合仓、在线订单系统、运营专网与一箱一码"IoT + SaaS"循环管理平台协同调度，大幅提升车辆装载率，减少翻包次数和运输次数，进一步实现物流环节的可追溯、可跟踪，并基于对生产制造场景的深刻理解，全面匹配美的安得智联 VMI（供应商管理库存）、MilkRun（循环取货）、循环包装、运包一体、JIT（排序供货）/JIS（及时供货）配送及产中送线能力需求，通过场外 PaaS 用箱和场内 SaaS 管箱全链路数字化循环，助力安得智联打造数字化供应链生态闭环，在降本增效的同时带来节能减排效益。

（1）平台解决方案。与美的安得智联携手打造运包一体化方案，以物流包装单元标准化、循环化和数智化的设计应用为切入点，一体优化上下游运输、储存、装卸、搬运、分拣过程，协同供应链合作伙伴降本增效，节能减排低碳转型。

（2）包装智能化方案。超轻型卡板箱 + HDPE 吸塑隔层（循环材料）+ 4G 盘古模组 + 壁虎网关 + 蓝牙信标 + RFID。

（3）管箱 SaaS 系统。出入库记录、库存数量、库存预警、丢失预警、可视化在途跟踪、用量报表。

（4）绿色成果。替换一次性包装：99168 托（2022 年）减少供应链碳排放量：1018.727 吨二氧化碳当量（2022 年）、5087 吨二氧化碳当量（2025 年预期）。

第十二节　深圳中集喜普供应链科技有限公司

深圳中集喜普供应链科技有限公司（以下简称"公司"），聚焦快消品行业绿色可循环包装与共享共用领域，专注乳制品单元化载具综合物流解决方案。公司目前推广的可循环乳制品包装已广泛应用于国内乳制品企业，利用循环材料包装替换原有一次性纸包装，可在为客户节省包装成本、提升包装效率的同时减少 84% 碳排放量，为客户创造新价值。

公司联动乳制品生产厂商、供应商等上下游资源，通过数字化包装技术创新，全面打通乳制品客户生产与供应、物流、仓储、终端配送等多个环节。同时物流包装从包装材料、设计、生产、运输、使用到废弃回收整个生命周期遵循最低化碳排放原则，箱子不仅可实现多次循环利用，破损的箱子符合报废标准后还可实现回收再造，无二次污染，从实际行动上助力践行"绿色化、减量化、可循环"的环保物流包装理念。

公司大力推进技术创新和产品升级，累计申请专利4件。同时结合市场分布特点，国内打造四大区域式服务网点，提升运营服务、综合物流资源并加快物流周转效率，力求成为乳制品快消行业绿色可循环物流包装领导者。

1. 绿色可循环乳制品包装项目

乳制品行业关系着广大人民的日常需求，对食品安全及保供保需要求极高。同时乳制品从生产端到消费端，流通环节多、流通链条长，通过数字化技术可以让整个供应链的各个环节实现互联互通，更好地保障乳制品安全高效的供应需求。

长期以来，多数液态乳制品包装都以一次性瓦楞纸箱为主，中集载具聚焦乳制品行业包装变革，利用聚丙乙烯PP循环箱替代传统一次性瓦楞纸板箱，减少在上下游纸箱的采购、物流运输、集中处理等全链条环节造成的持续浪费，粗略估算，一个循环包装相当于37个一次性包装，预计每年将减少碳排放量10万吨以上。

公司投资乳制品循环包装资产共4万余套，运作模式为共享租赁，利用循环包装领域先进高效的运营服务能力，通过线下全国四大区域运营网点、线上信息化运营平台，实现资源共享，降低供应链环节包装物空返的物流成本，为客户提供一站式包装物流解决方案，积极助力蒙牛乳制品包装及产业体系绿色化、智能化升级，为客户创造价值，助力客户打造可持续发展战略。

低温96杯酸周转箱主要用于蒙牛8联杯及16联杯酸奶物流运输包装全链条，通过产品自主研发完美贴合客户产线、物流运输及仓储等多环节应用，节约资源、降低成本。

2. 产品绿色环保证书

2023年9月，低温96杯酸周转箱（见图5-16）通过中国船级社（CSC）碳足迹认证证书。评估结论：运营租赁1个低温96杯酸周转箱产品，生命周期内碳足迹量 2.0388 千克二氧化碳当量。仅蒙牛乳业一方周转箱预计年循环次数可达到 1000000 箱次，预计可节省碳排放 2038800 千克。

图 5－16　低温 96 杯酸周转箱

第十三节　深圳中集易租科技有限公司

深圳中集易租科技有限公司（以下简称"公司"），业务涵盖物流器具研发、租赁运营、物流服务等，聚焦可循环液体包装与共享共用领域，专注液体单元化物流载具综合物流解决方案，积极参与物流行业标准化、信息化、智能化推进工作，是深圳市重点物流企业、全国商贸物流标准化专项行动重点推进企业。公司致力于成为中国液体单元化物流载具综合物流解决方案的领导者，让企业物流变得更高效、安全、绿色。

1. 绿色可循环 IBC 项目

IBC 中型散装容器，被广泛运用于包装、仓储和运输散装货物，其可以帮助实现包装、配送、仓储供应链的标准化，提升配送和仓储效率，降低了包装和物流的综合成本。IBC 作为循环包装，替代了传统的木箱、塑料箱、铁桶，符合国家提出的绿色环保要求。

IBC 运作模式为共享租赁，公司通过线下全国主要区域运营网点、线上信息化运营平台，为满足食品、化工、日化等行业需求，提供一站式包装物流解决方案，为客户创造价值。公司服务区域遍布全国，自有一级服务网点

80 多个、二级网点 200 多个，在食品、化工、日化等行业领域拥有超过 200 家合作客户，依托公司 IBC 的网络分布，实现了全国范围内任何地方的启用、归还，实现了资源共享，大大降低了供应链环节包装物空返的物流成本。

公司投资钢质 IBC 资产共 6 万套，年度营收约 5000 万元。公司 2022 年成功新开发 1200 升塑料折叠 IBC 产品，已批量投放市场，有力推进国内 IBC 的应用发展。公司产品较国内外同行，具有大容量、操作便捷的优势，具备自主知识产权。

2. IBC 产品绿色环保证书

（1）2021 年，IBC 产品通过中国船级社（CSC）碳足迹认证证书。评估结论：租赁运营 1 个 TC－IBC 产品，生命周期内可实现减少碳排放 12.99 吨二氧化碳当量，相当于约 168 个传统钢桶的生命周期排放。

（2）2022 年，公司获得"碳中和承诺示范单位"认证。

（3）2023 年，公司在 Ecovadis 可持续发展认证评级中荣获铜牌奖章，取得了全球参与评估的 85000 家企业中百分排比第 61 名的好成绩，同时也是同行业中唯一一家获此荣誉的企业。

第六章 绿色物流未来展望与建议

第一节 绿色物流发展目标预测

随着全球经济的快速发展和环境问题的日益突出，绿色物流将成为未来物流业发展的重点。在政府、企业、消费者等的共同努力下，绿色物流发展有望实现以下目标。

1. 更低的碳排放

未来绿色物流的发展目标之一是降低碳足迹和减少二氧化碳等温室气体排放量，推动节能减排技术研究和应用，实现更清洁、更可持续的物流运营。

2. 更高的运营效率

未来绿色物流还将更加注重运营效率；通过引入智能物流技术、可视化显示技术、多媒体大数据技术、物联网等，实现货物精准追踪、路径更加优化等效果，全面提高物流运营效率；通过减少浪费和优化资源利用，绿色物流实践可以帮助企业节省时间和金钱。

3. 更少的物流成本

绿色物流相较传统物流的成本要高，这也是许多企业在进行绿色物流时所担心的问题；未来，随着绿色物流技术的不断创新和成熟，其成本将会持续下降，使更多的企业承担得起绿色物流的成本，从而推动绿色物流发展。

4. 更好的服务质量

绿色物流需要具备更高的环保和节能标准，因此其服务质量也需要得到提高；未来，绿色物流企业将会加强对服务质量的管理和监控，不断提高服务水平，为客户提供更加优质、高效的绿色物流服务。

5. 更健康的社会环境

绿色物流将采用更加环保、节能、低碳的方式和技术，减少对环境的污染和对资源的消耗，促进循环经济的发展，从而为社会创造更健康、可持续的环境，为社会创造更健康、更宜居的生态环境。

6. 更多的绿色供应链合作伙伴

未来绿色物流将更加注重建立绿色供应链体系，整合供应商、生产企业、批发商、零售商和消费者等各方资源和信息，对新材料、新能源、节能环保新技术等领域进行联合研究和开发，建立全供应链的绿色物流渠道，降低环境影响。

第二节　绿色物流发展趋势方向

随着民众环保意识的持续提高和政府政策的不断出台，在技术进步和管理方法提升等的推动下，未来的绿色物流有望呈现出以下发展趋势。

1. 更环保、更智慧、更透明

未来将有更多企业注重环境保护，主动采用环保、节能、低碳的绿色物流方式，通过使用新型能源、优化运输路线、改善物流设施等手段，减少企业的物流环境污染和资源消耗，为人类创造更加健康、宜居的生活环境；未来绿色物流将更加注重智慧化发展，采用物联网、大数据、云计算、人工智能、区块链、传感器、控制塔等技术，提高物流效率和能源利用效率，降低污染和排放，实现绿色物流的智慧化可持续发展。

2. 个性化、标准化、品牌化、感知化

绿色物流将采用智能技术、大数据分析等手段，根据消费者的环保意愿、包装诉求、购买行为、收货地址、送货时间等信息进行个性化定制服务，"以人为本""个性化定制"将成为绿色物流发展的重要方向，只有满足了消费者需求并且兼顾环保问题才能真正实现可持续发展；伴随着一系列国内外绿色物流相关标准的出台和完善，物流组织面临着比以往更多的强制约束或者推荐性意见，实现绿色物流标准化发展将成为物流组织的重要发展

方向；绿色物流不仅仅是一种新兴业态，它正在成为物流企业的未来核心竞争力之一。品牌化可以提高企业的知名度和美誉度，吸引更多合作伙伴和客户，可以让企业在行业中建立良好的口碑和信任，提高客户忠诚度，从而实现可持续性盈利。打造绿色物流品牌将成为物流企业发展的关键；未来，企业客户和终端消费者对于绿色物流的感知度将成为物流实施主体的竞争力。物流企业应该通过物联网、大数据、区块链、二维码等技术，采用文本或者可视化方式，为客户提供及时、准确、精细的碳足迹和环境污染等信息，增强绿色物流业务的感知度。

3. 新能源、新技术、新材料、新设施设备加速落地化

港口、机场、道路、天空、水面、货场、车站、库房、工厂、流通加工中心等将采用越来越多的电能、氢能、太阳能、风能、生物质能、核能等新能源物流设施设备，例如氢燃料或者电动的汽车、飞行器、水上交通工具、微型物流车、智能机器人、叉车等设备，大风量低转速（HVLS）节能工业风扇或者高转速低风量（HSLV）节能风扇也将在大型仓库等设施中得到更多采用。自动驾驶、物联网、大数据、人工智能、机器人等技术将在越来越多的绿色物流场景中得到应用。生物降解材料、碳纤维材料、纳米包装材料、植物纤维材料、陶瓷材料、水性油墨等材料，智能传感器、智能标签等具有感知、响应、控制等功能的智能材料，在运输过程中不会产生垃圾污染问题的水溶性缓释膜材料，可用于物流中高效去除有害气体和液态废弃物的微米纳米多孔吸附介质等材料都将有望被更多的物流企业采用。

4. 国际化、供应链化、全生命周期化

从地域角度看，在经济全球化的大趋势下，物流企业需要适应国际上不同国家、地区、国际组织等对绿色物流的法律法规、标准和其他要求。不同国家和地区的环保法规和标准差异较大，物流企业应当了解并遵守本地环保法规和标准。这包括涉及噪声、废气排放、污水排放等方面的规定以及 ISO 等国际组织制定的环保标准；从业务角度看，物流的绿色化已经不仅仅局限在物流企业本身，而是渗透到采购、生产、销售和逆向回收等闭环供应链的所有环节，任何一个环节的物流污染都将对其供应链绿色绩效产生负面影响。

未来绿色物流将更加注重基于供应链的可持续发展，可以采用供应链协同、供应链可视化、供应链优化等管理手段和技术，实现物流绿色化；从产品生命周期来看，物流环节通常占据了重要部分。数据显示，目前我国工业品从原材料采集、生产制造到消费端整个流程中90%以上的时间处于物流环节。从产品的全生命周期角度规划绿色物流也将是物流产业发展的重要趋势。

5. 更量化、更可交易化、更认证化、更合作化

未来，绿色物流将以更加量化的形式体现。能源消耗、能源使用效率、设施设备运营效率、温室气体排放、固体污染、液体污染、大气污染、噪声污染等指标将用量化数字衡量，进而实现绿色物流过程的数据化管理和优化；供应链企业可以通过购买符合环保标准的绿色物流服务来减少自身的环保压力，物流企业可以通过使用清洁能源交通工具、优化运输路线、推广回收利用等方式，减少二氧化碳的排放量，获得相应的碳积分，并通过碳交易获益；将有更多物流企业参与 PAS2060 碳中和认证、ISO 14067 碳足迹认证、ISO 50001 能源管理体系认证、ESG 评级、科学碳目标倡议（SBTi）、LEED 绿色建筑认证、绿色仓库认证、数据中心绿色等级评估认证等国内外环境保护领域相关认证和倡议；未来绿色物流将更加注重与电子商务、金融、科技等跨领域合作，更加强调通过与政府、国际机构、行业组织、供应链合作伙伴的密切协同，推进绿色物流发展。

6. 人才培养加速化、专业化、规范化、多样化

随着绿色物流理念的深入人心和政策法规的逐渐完善，绿色物流人才的需求将越来越大，人才培养将明显提速，应注重深化实践能力和创新能力培养，加强实训和实践环节，提高学生的就业竞争力；同时，绿色物流人才培养将与现有的物流、供应链、交通、环保等相关领域专业结合起来，形成更加专业化的绿色物流人才学科体系；绿色物流人才培养将更加规范化，建立完善的培养体系和评估机制，保证培养的质量和水平；此外，绿色物流人才的培养将更加多样化，包括本科、专科、职业教育、培训等不同形式的培养，以适应不同岗位和行业的需求。综合来看，在人才培养方面，政府、高校、企业、行业等各方需要共同努力，建立合作机制，共同推进绿色物流人才培养的发展。

第三节　绿色物流应用技术发展展望

技术进步是绿色物流发展的重要推动力。未来，一些主要的绿色物流应用技术发展趋势如表 6 – 1 所示。

表 6 – 1　　　　　　　　　　　　绿色物流应用技术发展趋势

序号	绿色物流服务场景	绿色物流服务特征	示例
1	道路运输服务	资源集约	全域运力 AI 协同服务系统技术、智能路网技术、全程数据可视化技术、车辆调度技术、车路协同技术、耐磨节油轮胎技术、物流服务的可视化、网络协同和实时应对技术、能源监测与预警技术、叉车电池节能降耗技术、区域共同配送与货运监管公共信息平台技术、智能重卡技术、自行式模块运输车技术、氢能源电池技术、模块单元车应用技术
		低碳友好	物流行业道路交通运输温室气体 MRV 数字化管理系统技术、柴油机高效低排放热管理关键技术、汽车及零部件轻量化技术、汽车排放系统的检测和维护（I/M）技术、满足国Ⅵ排放标准的机动车尾气治理催化剂制备技术、清洁能源车技术、电动车技术、氢能源车技术、智能充换电技术、电动叉车技术、LNG/CNG 作为动力的叉车技术
		循环再生	废旧轮胎（橡胶）智能化裂解与炭黑深加工成套设备技术、废旧三元锂电池元素定量补偿异位重构制备三元前驱体技术、动力锂电池逆向供应链增值关键技术、车辆报废拆解、电动车废旧电池循环利用、车电瓶及轮胎翻新利用、车轴及车上电子零件回收利用、废旧机油循环利用技术、修复车辆总成件的零件修复技术
		环境安全	车载尾气检测设备技术、储能技术、充换电技术、运行大数据技术、智能辅助驾驶技术、车辆二级维护质量控制和评价技术、汽车综合性能检测技术、基于复合光谱的机动车污染排放动态精准监测技术及系统、智慧物流安全寻址技术、高速公路交通事件影响下货运物流安全评估及防控技术、大数据驱动的汽车潜在缺陷辨识与预警关键技术
		可持续性	可持续性运营技术、环境感知技术（重量、体积、温度、湿度、油量和胎压监测器等）、车辆驾驶主动防御系统、轮胎管理智慧系统、网络货运平台技术、基于高速公路网的甩挂运输技术、高吸水聚氨酯材料的关键技术在农产品冷链运输应用技术

序号	绿色物流服务场景	绿色物流服务特征	示例
2	铁运服务	资源集约	个性化钢轨廓形打磨技术、高速轮轨货运列车技术、铁路能源供给技术、高能效和智能化的牵引供电核心装备技术、工矿企业铁路货运管控系统、多式联运关键核心技术、铁路货运集疏运系统、铁路货车轮轴智慧检修技术
		低碳友好	综合节能正向设计技术、内燃机车排放技术、混合动力技术、燃料代用技术、智能运维技术、超低排放废气净化技术
		循环再生	铁路建筑施工材料、废旧材料、建筑垃圾再生材料的循环利用技术，铁路报废物资循环再利用信息化管理关键技术，铁路报废货车拆解关键技术，一种组合式可移动铁路废旧轨枕收集处置工艺及收集处置一体机技术
		环境安全	北斗卫星导航、第五代移动通信技术（5G）、人工智能、大数据等信息技术、生态环保修复和污染综合防治关键技术、减振降噪技术、电磁辐射防护技术
		可持续性	协同运输组织技术、铁路货车轮轴智慧检修技术、轨道交通噪声精准溯源与治理关键技术、冶金企业铁路车辆工艺运输安全可靠性技术、工矿企业铁路运输遥控驾驶机车技术、数字化共屏式铁路道口远程集控技术、基于作业成本法的企业铁路物流管控系统中优化算法技术
3	水运服务、港口物流服务	资源集约	环保型装卸工艺与装备技术、内河航道功能升级与工程建设关键技术、江海直达船舶技术、多式联运"外集内配"组织技术、多式联运"一单制""一箱制"组织技术、智能运输组织技术
		低碳友好	内河电子巡航技术、电子航海技术、内河航道绿色低碳整治关键技术、港口多式联运装备技术、气调冷藏集装箱保险技术、食品级保温罐式集装箱技术
		循环再生	蓄冷式智能温控冷链集装箱装备技术
		环境安全	港口装卸输送设备变频驱动技术、港口机械在线健康监测技术、港口作业管控一体化技术、柔性工艺技术、内河船舶物联网技术、船舶运行环境感知技术、基于感知数据的船舶适航预警技术、集装箱港口柔性靠泊智能运营系统关键技术、临江高水位超深基坑大型地连墙重力式锚碇基础关键技术、北斗通导遥一体化技术、高精度深水碎石铺设整平船设计建造技术、海湾区水下大直径盾构隧道施工控制关键技术、基于船岸协同的复杂航段通航安全管控关键技术、面向智能航运的卫星通信综合云服务关键技术、无人货运船舶技术
		可持续性	调峰调度与坝下航段水位实时预报技术、船闸无人值守运行技术、船闸在线监测技术、升船机和多级多线船闸智能运营技术及多线梯级联合调度技术、大型内河沉管隧道全国产业链国产化建设技术、集装箱地面智能解锁站、集装箱自动装车机

序号	绿色物流服务场景	绿色物流服务特征	示例
4	航空运输服务	资源集约	节油技术、大型航空集装器安检技术、航空物流信息追踪技术、新一代大型机场行李处理系统关键技术、大型机场综合交通枢纽陆侧高效运行关键技术、空地一体四维航迹精准运行关键技术、基于民航机场协同决策（A－CDM）综合运行管理系统关键技术
		低碳友好	航空脱碳技术、重载型仓储设备升降式转运车系统技术
		循环再生	电子运单技术
		环境安全	智能无人机技术、"零接触"技术、违禁品机器识别技术、大型货物扫描探测技术、全景感知技术、统一条码管理技术、射频识别技术、航空集装器识别与定位技术、空侧自动驾驶系统技术、国际集装货物无人驾驶运输技术、机场数智空间构建及视频智能分析关键技术、运输机场新能源设备热失控风险监控关键技术、智能跑道关键技术、民航旅客托运行李智能输送技术、大型枢纽机场跑道表面状况评估关键技术、复杂建养环境下大型机场跑道道基变形主动控制关键技术、机场跑道道基防灾关键技术、高耐久性高抗裂机场道面新材料关键技术
		可持续性	可持续性航空燃料技术、民航大型数据中心绿色供应链发展技术、世界级枢纽机场与超大型承运人共建高质量航空快线的关键技术、基于机场地图数据库的智慧化协同运行关键技术
5	仓储服务	资源集约	仓库屋顶光伏分布式发电技术、规划与设计节能技术、新型预制装配集成技术、绿色建材成套应用技术、地源热泵技术、燃气红外辐射采暖技术、太阳能集热技术、分布式光伏照明技术、LED照明技术、光导管技术、冷库建筑节能集成技术、电动叉车技术、LNG/CNG叉车技术、重型电力物资智慧仓配技术、新型大功率漫光灯技术、立体库技术
		低碳友好	智能仓储装备低碳高效运作技术、智能低碳仓储标准技术、无线识别技术在仓储终端管理系统中的应用、共享仓储与协同调度关键技术、库位优化算法技术、基于大数据和人工智能的冷库智慧调节技术、基于数字孪生的仓库热成像地图技术
		循环再生	可移动货架仓库的智能运营系统关键技术、港口"零碳"物流仓储库建设技术、冷藏库智能温度监控系统技术
		环境安全	纳米平板陶瓷膜污水处理技术及一体化装备、给排水技术、雨污合流及地表径流水污染处理系统、智慧物流园区新能源物流车辆充电安全保障关键技术
		可持续性	物流仓储ESG实践集成技术、工业集中区大气污染物立体监测系统

续 表

序号	绿色物流服务场景	绿色物流服务特征	示例
6	装卸搬运服务	资源集约	堆垛机蓄能技术、绿色物流搬运设备关键技术、绿色高效大型精密设备就位技术、水稻节能定向储运技术、智能堆垛机技术、智能拆垛机技术
		低碳友好	智能装车设备及系统技术、空地一体化物料智能转运装备关键技术、智慧冶金重载钢卷输送系统关键技术、仓储物流机器人异构集群智能控制系统技术、基于多类型机器人协同的无人仓储数智集成系统技术、多向穿梭车技术
		循环再生	集装箱智慧物流集成创新关键技术
		环境安全	条码识别技术、生物识别技术、图像识别技术和射频识别技术、人工智能技术、环境感知技术、罐式危险品泄漏收纳车运行安全与低碳节能关键技术、智能AGV与辅助拣选分拨墙集成技术
		可持续性	装卸过程中防止化学品泄漏及尾气处理工艺技术、移动式拣货补货机器人、重载自动导向车技术、智能攀爬式自动导向车技术、搬运自主移动机器人技术
7	包装服务	资源集约	包装薄壁化技术、包装轻量化技术、集装箱类物流运输装备空间复杂焊缝智能焊接技术、绿色循环周转箱智能管理系统技术、新型包装周转单元技术、单元化载具共享租赁模式、冷藏箱技术
		低碳友好	快递绿色包装标准体系与关键技术、减量化包装模式技术、纸滑托盘技术
		循环再生	循环包装技术、循环共用托盘技术、循环使用周转箱技术、物流托盘循环共用系统智能仿真优化与调度关键技术、可降解包装材料应用技术
		环境安全	冷链物流箱技术、蓄冷和储能技术、环保降解技术、功能材料型智能包装技术
		可持续性	智能可循环物流包装数字化平台技术、防护类结构性智能包装技术、显窃启类结构性智能包装、自动化类结构性智能包装、信息型智能包装技术

序号	绿色物流服务场景	绿色物流服务特征	示例
8	流通加工服务	资源集约	私有云和微服务技术、大规模机器人集群系统关键技术、食品绿色精准加工关键技术
		低碳友好	净菜加工和中餐食材仓储拣选配送协同管理系统技术、激光落料钢板加工技术
		循环再生	食品资源高效利用技术
		环境安全	机器人加工关键技术
		可持续性	食品保鲜加工技术
9	配送服务	资源集约	无线传感网络技术、储分一体技术、全栈式城市物流配送体系关键技术、异地集中配送关键技术、"氢能时代"移动式加氢设备箱技术、特色果蔬冷链物流集成技术
		低碳友好	"双碳"背景下物流服务资源配置与优化关键技术、全品类智能高效备货分拣系统技术、智能配送系统技术、缠绕气瓶管束式集装箱技术、台架式集装箱运输卷钢技术、折叠式集装箱运输货物技术、入厂物流集散中心选址和短途循环取货路径协同规划技术、基于数智化的拣运中转场作业和管理平台技术、一盘货管理系统技术
		循环再生	集装箱类物流运输装备空间复杂焊缝智能焊接技术、基于物联网无线 PTL 电子标签拣选系统
		环境安全	城市应急资源配送、交通组织与人员转移避难安置决策分析技术
		可持续性	物资配送供应链成本效益与风险分析模型技术、仓储物流运输车辆的装载防错系统技术、全冷链可视化关键装备与系统技术
10	逆向服务	资源集约	逆向物流网络规划技术、逆向物流最佳路径优化技术、逆向物流仓储优化技术
		低碳友好	智能污物气力收运系统关键技术
		循环再生	逆向物流再制造技术
		环境安全	逆向物流大数据技术、逆向物流物联网技术、逆向物流区块链技术
		可持续性	动力锂电池逆向供应链增值关键技术、基于语音语义情感识别的拟人化全场景智能决策客服系统技术

续 表

序号	绿色物流服务场景	绿色物流服务特征	示例
11	信息处理服务	资源集约	可追溯对象标识符技术、航空物流信息交换与服务平台技术、物流数据采集条码技术、物流数据自动采集 RFID 技术、EDI 技术、射频技术、基于车联网技术的城市智能物流与交通出行数据共享平台技术、新能源汽车后市场数字化服务技术、物流数据云边端智能协同技术、算法服务技术
		低碳友好	"一单制"下大宗物流数智一体化平台技术、供应链智能计划平台技术
		循环再生	海运公共集装箱运输跟踪移动端产品服务技术、基于城市安全的新能源汽车废旧动力电池智能逆向物流平台技术、企业循环物资交易服务平台技术
		环境安全	GIS 技术、GPS 技术、基于 SN 码智慧中台的物资全生命周期数智化管理技术、基于高效智能化采购的芯片桎梏下的物资供应安全模式创新技术
		可持续性	物资编码"一码到底"资产全生命周期数字化管理应用创新技术、医药物流数字化追溯系统技术
12	碳管理服务	资源集约	数据采集和监测技术、数据分析和智能算法、清洁能源和节能技术、电动和智能交通技术、基于大数据分析的企业用能智能化运营技术
		低碳友好	面向现代物流枢纽(汉中)的 5G 碳中和智能物流系统关键技术、碳监测平台技术
		循环再生	循环经济和物质流管理、碳减排量化及碳交易潜力评估技术
		环境安全	物流企业温室气体排放核算方法、物流企业碳排放大数据服务技术
		可持续性	零碳园区建设及关键技术、数据中心用二氧化碳载冷制冷技术
13	绿色金融服务	资源集约	基于工业互联网标识解析构建供应链金融服务技术、绿色金融与绿色物流项目的信息对接平台、多层次绿色金融的算力设施体系技术
		低碳友好	基于碳交易协议的质押融资技术
		循环再生	环境权益融资工具技术

序号	绿色物流服务场景	绿色物流服务特征	示例
13	绿色金融服务	环境安全	绿色金融监管沙盒技术、基于人工智能自动监测算法和人工智能的动产质押融资技术、基于区块链的质押融资技术、基于区块链和大数据技术的全链条授信融资供应链技术
		可持续性	"双碳"目标下的碳金融技术

第四节　绿色物流运营模式创新发展展望

随着全球经济的发展和环保意识的增强，绿色物流的需求不断增加，因此绿色物流的运营模式创新也越来越受到关注。以下三种典型绿色物流运营模式有望加速发展。

1. 共享经济运营模式

绿色物流共享经济模式是指在物流业务主体之间通过共享平台将物流资源和服务进行整合和共享，从而实现物流运作的共同利用和优化，提高物流效率、降低物流成本，减少物流行业的资源浪费和环境污染，减少碳排放，促进物流产业的可持续发展。绿色物流共享经济模式包括但不限于共享仓库、共享运力、共享配货站、共享设备、共享需求、共享数据、共享人力资源、共享技术、共享软件等方面。未来，共享经济模式将会助力绿色物流实现更快发展。

2. 基于产品全生命周期的企业绿色物流运营模式

基于产品全生命周期的企业绿色物流运营模式（见图6-1）是一个物料循环流动系统。通常，制造企业在完成产品的绿色设计后，会评估选择合适的绿色供应商，然后供应商将原材料、能源等按规定时间送达制造企业，完成绿色供应物流；接下来，制造企业通过对产品的制造、包装等形成绿色产品，在此过程中产生的余料、副产品、废弃物等将进入回收系统，进行再利用或者绿色处理，完成绿色生产物流；然后，企业制造出的产成品，经过企业自营物流或者第三方物流送达客户，完成销售物流；最终，制造企业还应考虑产品的退货、报废处理等业务，完成逆向回流。

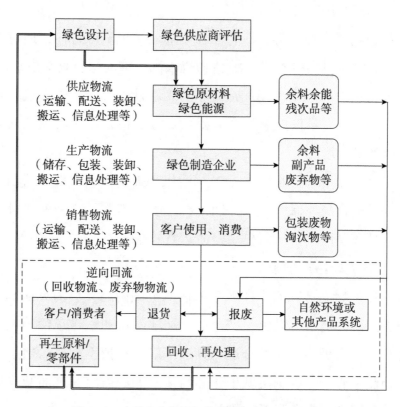

图 6-1 产品全生命周期的企业绿色物流运营模式

3. 绿色物流金融运营模式

绿色物流金融运营模式是指在物流行业中，通过金融手段来推动和支持绿色物流的发展。这种模式可以提供资金、风险管理和其他相关服务，以促进企业采取更环保的物流方式。绿色物流金融运营模式可以包括以下几个方面。

（1）绿色贷款。银行或其他金融机构为符合一定环保标准的物流企业提供低息或无息贷款，用于购买节能减排设备、改善车辆排放等。这样可以帮助企业降低成本并加速更新换代。

（2）碳交易。物流企业在碳市场上对二氧化碳排放进行交易，并将所得收益投入绿色物流项目中。这种模式鼓励企业主动减少碳排放量，并通过销售剩余配额获取经济回报。

（3）绿色保险。为使用环保技术和设备的物流企业提供特殊的保险产品。例如，针对电动车辆、太阳能充电站等设计专项的保险政策，可以覆盖损失赔偿、维修费用等方面。

（4）绿色物流资产证券化。将物流企业的绿色资产打包，通过金融工具进行证券化，吸引更多资本进入绿色物流领域，推动绿色物流发展。

（5）众筹平台。建立专门的众筹平台，让社会公众可以直接参与绿色物流项目的投资。这样不仅能够为企业提供资金支持，还能增加公众对绿色物流的认知度和参与度。

（6）环境评价和监测服务。通过金融机构提供环境评价和监测服务，帮助物流企业了解自身环保水平，并制定相应改进措施。这种模式可以促使企业更好地管理环境风险，从而提高整体运营效率。

4. 微型物流网络运营模式

未来的绿色物流将倾向于在城市或区域范围内建立更为灵活和环保的微型物流网络。这种网络可以由小型仓库、配送站点和配送车辆等组成，通过使用电动车、无人机等环保型交通工具进行最后一公里配送。通过建立多个小规模的物流中心，可以满足城市化和高速发展的需求，进而减少运输距离和时间，提高配送效率，降低碳排放。

5. 轨道交通物流运营模式

轨道交通物流运营模式是指利用轨道交通系统进行货物运输和配送的一种物流模式。它将轨道交通的运输能力与物流需求结合起来，通过专门的货物运输车辆或专用车厢，将货物从供应链上的一个环节运输到另一个环节，以满足城市物流的需求。轨道交通物流运营模式的特点包括以下几点。①高效快速：由于轨道交通系统具有较高的运输能力和速度，可以实现快速的货物运输，提高物流配送的效率。②大容量：轨道交通系统具有较大的运输容量，可以承载大量货物，适用于大规模物流需求。③稳定可靠：轨道交通系统具有固定的运行线路和时刻表，能够保证货物稳定和可靠运输。④环保低碳：轨道交通系统使用电力驱动，具有零排放和低噪声的特点，对环境影响较小。⑤多式联运：轨道交通物流运营模式可以与其他交通方式进行联运，如与公路、水路、航空等进行衔接，实现多式联运的优势。轨道交通物流运营模式可以在城市物流配送、电商物流、冷链物流、物流园区运营等场景得以应用。轨道交通物流运营模式具有较高的运输效率和较低的碳排放，可以减少对道路运输的依赖，降低交通拥堵和环境污染。使用轨道交通（如高铁、轻轨等）进行货物运输有望在未来实现持续增长。

第五节　绿色物流管理模式发展展望

合理有效地运用适合自身特点的管理模式是推动绿色物流发展、实现可持续经营的关键所在。管理模式可以帮助企业建立完善的绿色物流策略和目标，明确责任分工和任务执行方式。管理模式能够促使企业进行全面的资源评估和优化，在供应链各个环节寻找降低能耗、减少废弃物产生等可持续发展措施。此外，通过引入信息技术和智能化系统，管理模式还可以实现对整个物流过程的监测与控制，并及时调整以达到最佳效果。以下几种绿色物流管理模式有望得到持续发展。

1. 智能化管理模式

未来绿色物流将更加注重智能化管理，强调利用智能技术、物联网、大数据、人工智能、云计算、智能控制等技术手段实现对物流过程的智能化监控、调度和管理，以降低资源消耗、减少环境污染和提高物流效率，形成绿色物流的智能化管理模式。①智能监控：通过传感器、监测设备等技术手段，对物流过程中的各项指标进行实时监测，包括能源消耗、排放量、运输效率等，实现对物流过程的全面监控。②智能调度：通过智能算法和优化模型，对物流运输过程进行优化调度，包括路线规划、车辆调度、货物装载等，以提高运输效率和减少能源消耗。③智能决策支持：通过数据分析和智能决策系统，提供实时的物流信息和运输状态，为决策者提供准确的数据和决策支持，以优化物流运作。④智能预警与预测：通过数据分析和预测模型，对物流过程中可能出现的问题进行预警和预测，及时采取措施避免潜在风险。⑤智能协同与共享：通过物联网和云计算等技术，实现物流各环节之间的协同和信息共享，促进物流资源的优化配置和利用。

2. 供应链协同管理模式

未来绿色物流将更加强调供应链协同管理，强调在物流供应链中，各参与方通过共享信息、优化资源配置和协同决策，采用供应链可视化、供应链优化等管理手段和技术，实现物流过程的绿色化和可持续发展，提高物流服务质量和客户满意度，形成绿色物流的供应链协同管理模式。具体而言，绿色物流的供应链协同管理模式有以下特点。①信息共享：信息共享是绿色物流供应链协同管理的基础，各参与方通过建立信息平台和数据共享机制，实现物流过程中的信息流畅和透明；通过信息共享，各参与方可以了解物流过程中的绿色要求和目标，从而进行协同决策和制定绿色物流策略。②协同决策：协同决策是绿色物流供应链协同管理的核心，各参与方应通过协同决策和制定共同的绿色物流策略，以达到共同的绿色目标和可持续发展要求；协同决策需要各参与方共同参与，共同讨论并制订具体的行动计划，以实现物流过程中的绿色化和可持续发展。③资源优化：资源优化是绿色物流供应链协同管理的重要内容，各参与方通过共享资源和优化配置，实现物流过程中的资源共享和资源优化，以减少能源消耗和环境污染；资源优化包括合理的运输路线规划、货物集中配载、物流设施共享等；通过资源优化，可以提高物流效率，降低运营成本，并减少物流过程中的能源消耗和二氧化碳排放。④环境监测：环境监测是绿色物流供应链协同管理的重要环节，通过建立环境监测体系，对物流过程中的环境指标进行监测和评估，可以及时发现问题和改进措施，以保障物流过程中的环境可持续性；环境监测可以包括对能源消耗、废物处理、二氧化碳排放等指标的监测；监测结果可以为各参与方提供参考，帮助相关方改进物流过程中的环境表现。⑤绿色合作：绿色合作是绿色物流供应链协同管理的重要手段，各参与方通过建立合作伙伴关系和绿色供应链联盟，共同推动物流过程中的绿色化和可持续发展，通过共同努力实现整个供应链的绿色转型；绿色合作可以包括共同研发绿色物流技术和解决方案、共享最佳实践和经验，共同制定绿色物流的标准和指南等；通过绿色合作，各参与方可以共同分享成果，共同承担责任，共同推动绿色物流的发展。

3. 软件驱动的绿色物流管理模式

未来绿色物流将更加注重基于软件的价值创造。软件驱动的绿色物流管理模式是指利用信息技术和软件系统来优化和管理物流过程，以降低能源消耗、减少环境污染和提高物流效率的一种物流管理模式。该模式通过采集、分析和利用大量的数据信息，实现物流的智能化、精细化和可持续发展。这种管理模式主要包括以下几个方面。

（1）路线规划与优化。利用软件系统对货物运输路线进行智能规划和优化，避免不必要的里程、时间浪费，减少车辆尾气排放。

（2）车队调度与协同配送。通过软件系统实时监控车辆位置和状态，并根据订单情况进行合理调度和协同配送，提高运输效率，降低能源消耗。

（3）货物追踪与可视化管理。借助物联网等信息技术手段实现对货物全程追踪和监控，提供实时数据分析和报告，在整个物流过程中及时发现问题并采取相应措施。

（4）仓储与库存管理。利用软件系统对仓库内货物进行精确管理和自动化操作，最大限度地节约空间、降低能耗，并通过智能预测需求来优化库存水平。

（5）数据分析与决策支持。基于大数据分析技术对各项指标进行综合评估，并为企业提供科学决策支持，帮助企业优化物流运作、降低环境影响。

第六节 绿色物流发展风险因素展望

绿色物流是一种以节能、减排、环保为核心理念的物流模式，是实现低碳、环保、可持续发展的必由之路。但是，绿色物流发展面临多种风险，这些风险对企业的经营和发展将产生不同程度的影响。以下是绿色物流发展面临的几个主要风险。

1. 技术风险

绿色物流需要运用新技术，如物联网、大数据、云计算、人工智能、区块链等，以提高物流效率、节约资源、减少碳排放。但是一些新技术的应用效果仍需要时间的验证和优化，如果技术不成熟或应用不当，可能会引发技术风险和安全隐患。例如，虽然电动货车被认为是减少碳排放和噪声污染的理想选择，但是电动货车的续航里程、充电设施的覆盖范围以及充电时间等问题仍需要完善；对于不同场景下的物流业务而言，电动货车的可行性和实际效果仍需进一步验证，氢燃料电池卡车被视为未来替代传统柴油卡车的潜在选择，然而目前尚缺乏大规模应用和验证该技术所需的基础设施，并且成本较高。空中无人机交付服务可以提高物流效率并减少道路拥堵，然而该技术面临着安全性、隐私保护以及法律法规等方面的挑战。路径优化算法可以帮助物流公司在运输过程中节省能源消耗和减少碳排放，但是在实际操作中，如何将这些算法与现有系统集成并确保其准确性和可靠性仍然需要进一步验证。将可再生能源（如太阳能、风能等）应用于物流运输中可以降低碳排放，然而仍需解决建立可再生能源供应链面临的成本和技术挑战，并且在不同地区的适用性也有待评估。

2. 投资风险

绿色物流的发展需要大量的资金投入，包括购置绿色交通工具、建设绿色仓储设施、推广绿色物流解决方案和新技术等。资金需求增大，投资风险也相应增加，投入的资金会直接影响企业的短期运营成本和盈利能力。例如，企业需要采购新能源汽车和充电设施，这就需要大量的资金支出，对企业的资金流动性和现金流量也带来一定的压力。此外，绿色物流的技术和设备更新换代也需要不断投资，而且这些设备和技术往往比传统物流方式更昂贵，这也增加了企业的投资风险。

3. 竞争风险

绿色物流的发展也面临着竞争的压力。随着绿色物流认可度和普及度的提高，越来越多的企业开始转向绿色物流，市场竞争将加剧。企业需要在提供绿色物流服务的同时，与竞争对手进行竞争，提高自身的竞争力。从多方面看，不发展绿色物流是不可行的，但是发展绿色物流并不意味着就具有了绝对竞争优势。

4. 管理风险

绿色物流的运营需要建立和完善相关的管理体系，包括物流规划、协同运作、信息技术支持、能源管理、碳排放管理等。企业需要具备相关的管理能力和经验，才能有效地组织和管理绿色物流运营。如果企业的管理能力不足或运营模式不合理，可能会导致物流效率降低、运营成本增加，从而影响绿色物流投资回报。

5. 法律风险

绿色物流需要符合国内外相关的环保法律政策和标准。然而，这些法律政策和标准可能会随着时间的推移而变化，企业需要时刻关注和遵守这些变化，以确保符合要求。如果企业没有遵守相关规定，可能会面临处罚风险和声誉损失。如汽车尾气排放和废弃物处理等方面的法律法规，如果企业没有按照标准执行，可能会引发法律纠纷和诉讼，对企业的经营和形象造成不良影响。

第七节　绿色物流发展建议

1. 坚持绿色低碳理念，助力"双碳"目标实现

坚持"绿水青山就是金山银山"的发展理念，以系统观念为指导做好企业物流绿色低碳发展重点任务和资源协调保障的顶层规划，处理好发展和保护、长远目标和短期目标的关系，建立健全 ESG 体系，提升可持续发展能力。

2. 强化绿色消费引领，推动发展方式绿色转型

树立企业生产技术、物流绿色发展标杆，以绿色消费助推绿色发展，改变粗放式的生产和管理模式，提高资本、劳动、技术等要素的配置效率，淘汰落后产能，推进供给侧结构性改革，推动发展方式绿色转型升级。

3. 推动两业深度融合，构建绿色低碳发展生态圈

加强物流企业与制造企业创新供应链协同运营模式并建立互利共赢的长期战略合作关系，推动绿色物流发展。加强与节能环保、绿色金融、环境权交易产业的融合发展，积极构建绿色低碳发展生态圈。

4. 数字化绿色化协同发展，推动物流高质量发展

坚持以数字化引领绿色化，以绿色化带动数字化，积极应用数字技术赋能基础设施、物流运营节能降碳。企业以数字基础设施为目标牵引，以云计算技术实现"碳虚拟"、以大数据技术开展"碳摸底"、以物联网技术推动"碳感知"、以人工智能探索"碳预测"，双化协同发展，共同推动物流高质量发展。

5. 夯实行业数据基础，科学有序推进碳达峰碳中和

完善能源计量体系，提高能源精细化管理和节能管理水平，推进能源计量服务向全过程、综合性、智能化转型升级。结合业务发展规划科学有序推进碳达峰碳中和，加大绿色低碳发展投入，完善绿色物流基础设施建设并提升管理水平。

6. 加强资源节约集约利用，发展绿色产业和循环经济

树立节约能源资源是"第一能源资源"的理念，建立线上线下融合的逆向物流服务平台和回收网络，促进产品回收和资源循环利用。加强节能低碳技术、装备和产品的研发应用，推广先进管理模式、业务组织模式，适当扩大新能源和清洁能源的供应和使用，发展绿色产业和循环经济。

7. 完善碳排放理论基石，支持国际合作互认互信

加强绿色物流理论研究和标准制定，推动物流行业碳排放核算理论的发展和统一。积极构建适用于组织（企业）层级、订单（物流活动）层级、项目减排层级的标准和物流行业公共碳计算器，沉淀中国物流行业碳排放因子。统筹运用质量认证服务，为支撑物流行业国际合作互认互信发挥好中国作用。

8. 加快绿色物流产教融合，强化专业人才培养

充分洞悉市场人才需求，加快绿色物流在新能源、储能、氢能、碳减排、碳市场等领域产教融合，做好绿色物流从业人员能力建设。做好《碳排放管理员国家职业标准》在物流行业的细化落实，完善相关教材和制度体系，支撑物流行业"双碳"战略目标落实。

附录一 绿色物流产业链创新情况

项目	分类	公司名称
绿色物流创新趋势与举措	清洁能源应用	浙江菜鸟供应链管理有限公司
		天津港（集团）有限公司
		北京德达物流科技股份有限公司
		嘉里物流（中国）投资有限公司
		中海油田服务股份有限公司
		中国外运股份有限公司
		浙江中力股份有限公司
	技术改造	普洛斯投资（上海）有限公司
		中国外运股份有限公司
		京东物流股份有限公司
		浙江盾安冷链系统有限公司
		上海安能聚创供应链管理有限公司
		嘉士伯（中国）啤酒工贸有限公司
		中国国际海运集装箱（集团）股份有限公司
	运行管理提升	鞍山钢铁集团有限公司
		施耐德电气信息技术（中国）有限公司
		顺丰控股股份有限公司
		宝洁（中国有限公司）
		宝供物流企业集团有限公司
		青岛城运控股集团
		康明斯有限公司
		兴业银行股份有限公司
		无限极（中国）有限公司
	数字化提升	天津港（集团）有限公司
		日日顺供应链科技股份有限公司

项目	分类		公司名称
绿色物流 创新趋势 与举措	数字化提升		蚂蚁科技集团股份有限公司
			地中海航运有限公司
			江苏满运软件科技有限公司
			北京极智嘉科技股份有限公司
			中国华润有限公司
			上海箱箱智能科技有限公司
			中国烟草总公司
	服务社会 绿色转型		华为技术有限公司
			珠海格力电气股份有限公司
			阿里巴巴集团控股有限公司
			百度在线网络技术（北京）有限公司
			中国物流集团有限公司
			圆通速递有限公司
			吉林森工集团投资有限公司
			北京绿色交易所有限公司
			戴尔（中国）有限公司
			中国绿色碳汇基金会
			京东物流股份有限公司
企业减碳 运营相关 工具	平台	企业碳 管理	浙江菜鸟供应链管理有限公司
			中国外运股份有限公司
			南京英诺森软件科技有限公司
		运输管 理平台	北京百川快线网络科技有限公司
			上海科箭软件科技有限公司
			上海富勒信息科技有限公司
			上海通天晓信息技术有限公司
			北京中交兴路信息科技股份有限公司
			南京福佑在线电子商务有限公司
			江苏满运软件科技有限公司
			上海讯轻信息科技有限公司
			北京汇通天下物联科技有限公司
			上海运匠信息科技有限公司
			传化智联股份有限公司

项目	分类		公司名称
企业减碳运营相关工具	平台	运输管理平台	东方驿站物流科技（深圳）有限公司
			深圳市云恋科技有限公司
			上海富勒信息科技有限公司
			唯智信息技术（上海）股份有限公司
			上海弘人网络科技有限公司
			上海科箭软件科技有限公司
			上海通天晓信息技术有限公司
			柯尔柏医药科技（上海）有限公司
			恩富软件（中国）有限公司
			厦门纵行信息科技有限公司
			物联云仓（成都）科技有限公司
			上海聚龄信息技术有限公司
			上海极驻网络科技有限公司
	设备	叉车/机器人	北京极智嘉科技股份有限公司
			杭州海康机器人股份有限公司
			浙江立镖机器人有限公司
			旷视科技有限公司
			无锡快仓智能科技有限公司
			灵动科技（安徽）有限公司
			兰剑智能科技股份有限公司
			深圳市海柔创新科技有限公司
			浙江中力机械股份有限公司
			罗伯泰克自动化科技（苏州）有限公司
		新能源车	地上铁租车（深圳）有限公司
			浙江绿色惠联有限公司
			宇通客车股份有限公司
			广州海玻特科技有限公司
			比亚迪汽车有限公司
		无人机/车	浙江菜鸟供应链管理有限公司
			顺丰科技有限公司
			京东物流股份有限公司

项目	分类		公司名称
企业减碳运营相关工具	设备	无人机/车	北京主线科技有限公司
			赢彻科技（上海）有限公司
	托盘/载具		上海睿池供应链管理有限公司
			上海箱箱智能科技有限公司
			盘转天下（北京）科技有限公司
			集保物流设备（中国）有限公司
			复翼（浙江）科技有限公司
			路凯包装设备租赁（上海）有限公司
	环保材料		浙江华正新材料股份有限公司
			江苏艾德露环保科技有限公司
			安徽景皓汽车环保科技有限公司
	绿色能源		普枫新能源技术（上海）有限公司
			金风科技股份有限公司
			远景能源有限公司
			深圳国氢新能源科技有限公司
			上海翼迅创能新能源科技有限公司
碳管理	碳核算		中国物流与采购联合会
			罗戈（深圳）供应链管理有限公司
			蚂蚁科技集团股份有限公司
			欧冶工业品股份有限公司
			中外运－敦豪国际航空快件有限公司
			北京凯来美气候科技有限公司
			上海凤虎宙思数据科技有限公司
			毕博管理咨询公司
	碳管理		碳阻迹（北京）科技有限公司
			上海碳链科技有限公司
			智慧货运中心
			普洛斯投资（上海）有限公司
			蚂蚁科技集团股份有限公司
	碳交易		广州碳排放权交易中心有限公司
			湖北碳排放权交易中心有限公司

项目	分类	公司名称
碳管理	碳交易	北方环境能源交易所有限公司
		北京绿色交易所有限公司
		上海环境能源交易所股份有限公司

附录二　绿色低碳政策梳理

135 项完整版绿色低碳政策可通过（链接：https：//pan.baidu.com/s/15-m3E7OWBcNyN1qovRZ3Yg？pwd=cbqg；提取码：cbqg）获取，更新版请联系"中国物流与采购联合会绿色物流分会"。

中国物流与采购联合会绿色物流分会绿色低碳政策梳理（部分）

发布日期	发文机关	名称	主要内容
2021 年 10 月	交通运输部	交通运输部关于印发《绿色交通"十四五"发展规划》的通知	规划明确到 2025 年，交通运输领域绿色低碳生产方式初步形成，基本实现基础设施环境友好、运输装备清洁低碳、运输组织集约高效，重点领域取得突破性进展，绿色发展水平总体适应交通强国建设阶段性要求。 绿色交通"十四五"发展具体目标：①到 2025 年，营运车辆单位运输周转量二氧化碳（CO_2）排放较 2020 年下降率 5%；②营运船舶单位运输周转量二氧化碳（CO_2）排放较 2020 年下降率 3.5%；③营运船舶氮氧化物（NOx）排放总量较 2020 年下降率 7%；④全国城市公交、出租汽车（含网约车）、城市物流配送领域新能源汽车占比 20%；⑤国际集装箱枢纽海港新能源清洁能源集卡占比 60%；⑥长江经济带港口和水上服务区当年使用岸电电量较 2020 年增长率 100%；⑦集装箱铁水联运量年均增长率 1.5%；⑧城区常住人口 100 万以上城市中绿色出行比例超过 70% 的城市数量 60 个
2021 年 10 月	国务院	国务院关于印发 2030 年前碳达峰行动方案的通知	以习近平新时代中国特色社会主义思想为指导，全面贯彻党的十九大和十九届二中、三中、四中、五中全会精神，深入贯彻习近平生态文明思想，立足新发展阶段，完整、准确、全面贯彻新发展理念，构建新发展格局，坚持系统观念，处理好发展和减排、整体和局部、短期和中长期的关系，统筹稳增长和调结构，把碳达峰、碳中和纳入经济社会发展全局，坚持"全国统筹、节约优先、双轮驱动、内外畅通、防范风险"的总方针，有力有序有效做好碳达峰工作，明确各地区、各领域、各行业目标任务，加快实现生产生活方式绿色变革，推动经

发布日期	发文机关	名称	主要内容
2021 年 10 月	国务院	国务院关于印发 2030 年前碳达峰行动方案的通知	济社会发展建立在资源高效利用和绿色低碳发展的基础之上，确保如期实现 2030 年前碳达峰目标。 **重点任务** 将碳达峰贯穿于经济社会发展全过程和各方面，重点实施能源绿色低碳转型行动、节能降碳增效行动、工业领域碳达峰行动、城乡建设碳达峰行动、交通运输绿色低碳行动、循环经济助力降碳行动、绿色低碳科技创新行动、碳汇能力巩固提升行动、绿色低碳全民行动、各地区梯次有序碳达峰行动等"碳达峰十大行动"。 ①能源绿色低碳转型行动；②节能降碳增效行动；③工业领域碳达峰行动；④城乡建设碳达峰行动；⑤交通运输绿色低碳行动；⑥循环经济助力降碳行动；⑦绿色低碳科技创新行动；⑧碳汇能力巩固提升行动；⑨绿色低碳全民行动
2021 年 10 月	中共中央 国务院	中共中央 国务院关于完整准确全面贯彻新发展理念做好碳达峰碳中和工作的意见	**主要目标** 　　到 2025 年，绿色低碳循环发展的经济体系初步形成，重点行业能源利用效率大幅提升。单位国内生产总值能耗比 2020 年下降 13.5%；单位国内生产总值二氧化碳排放比 2020 年下降 18%；非化石能源消费比重达到 20%左右；森林覆盖率达到 24.1%，森林蓄积量达到 180 亿立方米，为实现碳达峰、碳中和奠定坚实基础。 　　到 2030 年，经济社会发展全面绿色转型取得显著成效，重点耗能行业能源利用效率达到国际先进水平。单位国内生产总值能耗大幅下降；单位国内生产总值二氧化碳排放比 2005 年下降 65%以上；非化石能源消费比重达到 25%左右，风电、太阳能发电总装机容量达到 12 亿千瓦以上；森林覆盖率达到 25%左右，森林蓄积量达到 190 亿立方米，二氧化碳排放量达到峰值并实现稳中有降。 　　到 2060 年，绿色低碳循环发展的经济体系和清洁低碳安全高效的能源体系全面建立，能源利用效率达到国际先进水平，非化石能源消费比重达到 80%以上，碳中和目标顺利实现，生态文明建设取得丰硕成果，开创人与自然和谐共生新境界

发布日期	发文机关	名称	主要内容
2022 年 3 月	发展改革委、外交部、生态环境部、商务部	国家发展改革委等部门关于推进共建"一带一路"绿色发展的意见	意见围绕推进绿色发展重点领域合作、推进境外项目绿色发展、完善绿色发展支撑保障体系 3 个板块，提出 15 项具体任务，内容覆盖绿色基础设施互联互通、绿色能源、绿色交通、绿色产业、绿色贸易、绿色金融、绿色科技、绿色标准、应对气候变化等重点领域
2022 年 4 月	国家发展改革委 国家统计局 生态环境部	国家发展改革委 国家统计局 生态环境部印发《关于加快建立统一规范的碳排放统计核算体系实施方案》的通知	碳排放统计核算是做好碳达峰碳中和工作的重要基础，是制定政策、推动工作、开展考核、谈判履约的重要依据。 部分重点任务：（三）建立全国及地方碳排放统计核算制度。（四）完善行业企业碳排放核算机制。（五）建立健全重点产品碳排放核算方法。（六）完善国家温室气体清单编制机制。 保障措施：（七）夯实统计基础。（八）建立排放因子库（由生态环境部、国家统计局牵头建立国家温室气体排放因子数据库，统筹推进排放因子测算，提高精准度，扩大覆盖范围，建立数据库常态化、规范化更新机制，逐步建立覆盖面广、适用性强、可信度高的排放因子编制和更新体系，为碳排放核算提供基础数据支撑）。（九）应用先进技术。（十）开展方法学研究。（十一）完善支持政策
2022 年 6 月	科技部、发展改革委、工业和信息化部、生态环境部、住房城乡建设部、交通运输部、中科院、工程院 能源局	科技部等九部门关于印发《科技支撑碳达峰碳中和实施方案（2022—2030 年）》的通知	《实施方案》提出了 10 大行动，具体包括：能源绿色低碳转型科技支撑行动，低碳与零碳工业流程再造技术突破行动，城乡建设与交通低碳零碳技术攻关行动，负碳及非二氧化碳温室气体减排技术能力提升行动，前沿颠覆性低碳技术创新行动，低碳零碳技术示范行动，碳达峰碳中和管理决策支撑行动，碳达峰碳中和创新项目、基地、人才协同增效行动，绿色低碳科技企业培育与服务行动，碳达峰碳中和科技创新国际合作行动。 聚焦能源绿色低碳转型科技支撑行动，《实施方案》提到，构建适应碳达峰碳中和目标的能源科技创新体系，加强基础性、原创性、颠覆性技术研究，为煤炭清洁高效利用、新能源并网消纳、可再生能源高效利用以及煤制清洁燃料和大宗化学品等提供科技支撑。到 2030 年，大幅提升能源技术自主创新能力，带动化石能源有序替代，推动能源绿色低碳安全高效转型

发布日期	发文机关	名称	主要内容
2022 年 10 月	市场监管总局、国家发展改革委、工业和信息化部、自然资源部、生态环境部、住房城乡建设部、交通运输部、中国气象局、国家林草局	关于印发建立健全碳达峰碳中和标准计量体系实施方案的通知	实现碳达峰碳中和，是以习近平同志为核心的党中央统筹国内国际两个大局作出的重大战略决策。计量、标准是国家质量基础设施的重要内容，是资源高效利用、能源绿色低碳发展、产业结构深度调整、生产生活方式绿色变革、经济社会发展全面绿色转型的重要支撑，对如期实现碳达峰碳中和目标具有重要意义。 要坚持系统观念，统筹推进碳达峰碳中和标准计量体系建设，加快计量、标准创新发展，发挥计量、标准的基础性、引领性作用，支撑如期实现碳达峰碳中和目标。 到 2025 年，碳达峰碳中和标准计量体系基本建立。碳相关计量基准、计量标准能力稳步提升，关键领域碳计量技术取得重要突破，重点排放单位碳排放测量能力基本具备，计量服务体系不断完善。碳排放技术和管理标准基本健全，主要行业碳核算核查标准实现全覆盖，重点行业和产品能耗能效标准指标稳步提升。 重点任务 （一）完善碳排放基础通用标准体系。开展碳排放术语、分类、碳信息披露等基础标准制定。完善地区、行业、企业、产品等不同层面碳排放监测、核算、报告、核查标准。探索建立重点产品生命周期碳足迹标准，制定绿色低碳产品、企业、园区、技术等通用评价类标准。 （二）加强重点领域碳减排标准体系建设。碳减排标准为能源、工业、交通运输、城乡建设、农业农村等重点领域节能降碳、非化石能源推广利用、化石能源清洁低碳利用以及生产和服务过程温室气体减排、资源循环利用等提供关键支撑。 （三）加快布局碳清除标准体系。 （四）健全市场化机制标准体系。市场化机制标准为绿色金融、碳排放交易、生态产品价值实现等提供关键保障。 （五）完善计量技术体系。开展重点行业和领域用能设施及系统碳排放计量测试方法研究和碳排放连续在线监测计量技术研究，提升碳排放和碳监测数据准确性和一致性，探索推动具备条件的行业领域由宏观"碳核算"向精准"碳计量"转变。 （六）加强计量管理体系建设。 （七）健全计量服务体系

发布日期	发文机关	名称	主要内容
2022 年 11 月	国家发展改革委、国家统计局、国家能源局	国家发展改革委 国家统计局 国家能源局关于进一步做好新增可再生能源消费不纳入能源消费总量控制有关工作的通知	一、准确界定新增可再生能源电力消费量范围 （一）不纳入能源消费总量的可再生能源，现阶段主要包括风电、太阳能发电、水电、生物质发电、地热能发电等可再生能源。 （二）以各地区 2020 年可再生能源电力消费量为基数，"十四五"期间每年较上一年新增的可再生能源电力消费量，在全国和地方能源消费总量考核时予以扣除。 二、以绿证作为可再生能源电力消费量认定的基本凭证 （一）可再生能源绿色电力证书（以下简称"绿证"）是可再生能源电力消费的凭证。各省级行政区域可再生能源消费量以本省各类型电力用户持有的当年度绿证作为相关核算工作的基准。企业可再生能源消费量以本企业持有的当年度绿证作为相关核算工作的基准。 （二）绿证核发范围覆盖所有可再生能源发电项目，建立全国统一的绿证体系，由国家可再生能源信息管理中心根据国家相关规定和电网提供的基础数据向可再生能源发电企业按照项目所发电量核发相应绿证。 （三）绿证原则上可转让，绿证转让按照有关规定执行。积极推进绿证交易市场建设，推动可再生能源参与绿证交易。 三、完善可再生能源消费数据统计核算体系 （一）夯实可再生能源消费统计基础。电网企业和有关行业协会要加强对可再生能源省内和省间交易、消费和结算等数据的统计核算，加强对相关数据的收集、分析、校核，确保可再生能源消费数据真实准确。 （二）开展国家与地方层面数据核算。国家能源局依据国家可再生能源信息管理中心和电力交易机构数据核算全国和各地区可再生能源电力消费量。国家统计局会同国家能源局负责核定全国和各地区新增可再生能源电力消费量数据
2022 年 12 月	国务院办公厅	国务院办公厅关于印发"十四五"现代物流发展规划的通知	深入推进物流领域节能减排。加强货运车辆适用的充电桩、加氢站及内河船舶适用的岸电设施、液化天然气（LNG）加注站等配套布局建设，加快新能源、符合国六排放标准等货运车辆在现代物流特别是城市配送领域应用，促进新能源叉车在仓储领域应用。继续加大柴油货车污染治理力度，持续推进运输结构调整，提高铁路、水路运输比重。推动物流企业强化绿色节能和低碳管理，

续 表

发布日期	发文机关	名称	主要内容
2022 年 12 月	国务院办公厅	国务院办公厅关于印发"十四五"现代物流发展规划的通知	推广合同能源管理模式，积极开展节能诊断。加强绿色物流新技术和设备研发应用，推广使用循环包装，减少过度包装和二次包装，促进包装减量化、再利用。加快标准化物流周转箱推广应用，推动托盘循环共用系统建设。 加快健全逆向物流服务体系。探索符合我国国情的逆向物流发展模式，鼓励相关装备设施建设和技术应用，推进标准制定、检测认证等基础工作，培育专业化逆向物流服务企业。支持国家物流枢纽率先开展逆向物流体系建设，针对产品包装、物流器具、汽车以及电商退换货等，建立线上线下融合的逆向物流服务平台和网络，创新服务模式和场景，促进产品回收和资源循环利用。 绿色低碳物流创新工程： 依托行业协会等第三方机构，开展绿色物流企业对标贯标达标活动，推广一批节能低碳技术装备，创建一批绿色物流枢纽、绿色物流园区。在运输、仓储、配送等环节积极扩大电力、氢能、天然气、先进生物液体燃料等新能源、清洁能源应用。加快建立天然气、氢能等清洁能源供应和加注体系
2023 年 3 月	国家市场监管总局、国务院国资委	关于进一步加强中央企业质量和标准化工作的指导意见	充分发挥中央企业在质量和标准化工作中的示范带动作用，推动中央企业进一步转变发展方式，提高产品服务质量和效益效率，加快建设产品卓越、品牌卓著、创新领先、治理现代的世界一流企业，培育以技术、标准、品牌、质量、服务等为核心的竞争合作新优势，实现质量更好、效益更高、竞争力更强、影响力更大的发展，现提出以下意见。 一、提升质量意识和质量管理能力 ①提升全面质量管理；②提高质量技术创新能力；③加强质量基础设施建设和服务；④强化质量科技基础条件平台建设。 二、推动标准化和科技创新协调互动 ①加强创新技术领域标准研制；②推进技术、专利和标准联动创新；③推动产学研用标准联合创新；④积极开展标准化国际合作。 三、打造品质卓越的世界一流品牌 ①实施企业质量品牌战略；②开展中国精品培育行动；③加强企业品牌保护和维权。

发布日期	发文机关	名称	主要内容
2023 年 3 月	国家市场监管总局、国务院国资委	关于进一步加强中央企业质量和标准化工作的指导意见	四、积极履行高标准社会责任 ①进一步提高履责水平；②加快绿色低碳转型升级；③筑牢企业风险防控和安全基石。 中央企业要全面贯彻习近平生态文明思想，深入落实碳达峰碳中和重大战略决策，加快绿色低碳转型和高质量发展。充分发挥标准化在实现碳达峰碳中和目标中的重要作用，广泛参与碳达峰碳中和国内、国际标准制定，积极提升碳达峰碳中和标准水平，严格执行重点行业能耗限额、重点用能产品能效强制性国家标准和能源核算、检测认证、评估、审计等配套标准以及碳达峰碳中和标准计量要求。鼓励中央企业参与统一的绿色产品标准、认证、标识体系建设，牵头制定推广新能源、可再生能源、化石能源清洁高效利用、碳捕集利用和封存等领域标准，促进低碳零碳负碳关键核心技术研发攻关和创新应用
2023 年 4 月	国家标准委、国家发展改革委、工业和信息化部、自然资源部、生态环境部、住房和城乡建设部、交通运输部、中国人民银行、中国气象局、国家能源局、国家林草局	关于印发《碳达峰碳中和标准体系建设指南》的通知	围绕基础通用标准，以及碳减排、碳清除、碳市场等发展需求，基本建成碳达峰碳中和标准体系。到 2025 年，制修订不少于 1000 项国家标准和行业标准（包括外文版本），与国际标准一致性程度显著提高，主要行业碳核算核查实现标准全覆盖，重点行业和产品能耗能效标准指标稳步提升。实质性参与绿色低碳相关国际标准不少于 30 项，绿色低碳国际标准化水平明显提升。 标准体系框架如下：包括基础通用标准子体系、碳减排标准子体系、碳清除标准子体系和市场化机制标准子体系等 4 个一级子体系，并进一步细分为 15 个二级子体系、63 个三级子体系。 该体系覆盖能源、工业、交通运输、城乡建设、水利、农业农村、林业草原、金融、公共机构、居民生活等重点行业和领域碳达峰碳中和工作，满足地区、行业、园区、组织等各类场景的应用
2023 年 8 月	工业和信息化部、科技部、国家能源局、国家标准委	工业和信息化部等四部门关于印发《新产业标准化领航工程实施方案（2023—2035 年）》的通知	全面推进新兴产业标准体系建设。在绿色环保方面，聚焦实现碳达峰碳中和目标，研制组织温室气体排放量、项目温室气体减排量、产品碳足迹核算核查标准。研制源头控制、生产过程控制、末端治理、协同降碳等技术与装备标准。研制温室气体排放监测技术、分析方法、设备及系统等监测标准。研制绿色低碳评价、碳排放管理、碳资产管理等管理与评价标准

发布日期	发文机关	名称	主要内容
2023 年 9 月	人力资源社会保障部办公厅、生态环境部办公厅	人力资源社会保障部办公厅生态环境部办公厅关于颁布碳排放管理员国家职业标准的通知	《碳排放管理员国家职业标准》（2023 版），碳排放管理员是指从事二氧化碳等温室气体排放监测、统计核算、核查、交易和咨询等工作的人员。 本职业共设五个等级，其中五级/初级工不分工种。 碳排放监测员、碳排放核算员、碳排放核查员、碳排放交易员、民航碳排放管理员共设四个等级，分别为：四级/中级工、三级/高级工、二级/技师、一级/高级技师。 碳排放咨询员共设三个等级，分别为：三级/高级工、二级/技师、一级/高级技师
2023 年 10 月	生态环境部、市场监管总局	温室气体自愿减排交易管理办法（试行）	办法提出：申请登记的温室气体自愿减排项目应当于 2012 年 11 月 8 日之后开工建设；经注册登记机构登记的温室气体自愿减排项目可以申请项目减排量登记。申请登记的项目减排量应当产生于 2020 年 9 月 22 日之后。 生态环境部、市场监管总局将持续推进自愿减排交易市场建设各项工作。 一是构建基本制度框架。在印发《办法》基础上，陆续组织发布项目设计与实施指南、审定与核查实施规则等配套管理制度，明确各项实施细则和技术规范要求。 二是明确市场支持的具体领域。生态环境部拟于近日发布首批项目方法学，支持林业碳汇和可再生能源等领域项目发展。同时，持续推动自愿减排项目方法学发布工作。 三是批准一批审定与核查机构。《办法》规定，由市场监管总局会同生态环境部尽快批准一批审定与核查机构，为项目业主申请项目和减排量登记提供审定核查服务。 四是上线运行全国统一的注册登记系统和交易系统，为全国温室气体自愿减排交易市场启动做好准备
2023 年 10 月	市场监管总局	市场监管总局关于统筹运用质量认证服务碳达峰碳中和工作的实施意见	统筹推进碳达峰碳中和认证制度体系建设，优化制度供给，规范认证实施，全面服务碳达峰碳中和目标实现。到 2025 年，基本建成直接涉碳类和间接涉碳类相结合、国家统一推行与机构自主开展相结合的碳达峰碳中和认证制度体系。分步建立产品碳标识认证、碳相关管理体系和服务认证等直接涉碳类认证制度体系，完善绿色产品认证、能源管理体系认证、环境管理体系认证等间接涉碳类认证制度体系，初步形成各类制度协同促进、认证市场规范有序、应用采信范围广泛、国际合作互认互信的发展格局，为碳达峰碳中和提供科学公正、准确高效的质量认证技术服务。

发布日期	发文机关	名称	主要内容
2023 年 10 月	市场监管总局	市场监管总局关于统筹运用质量认证服务碳达峰碳中和工作的实施意见	重点任务： ①加快建立直接涉碳类认证制度体系；②统筹协调间接涉碳类认证制度体系；③规范涉碳类认证规则备案；④加大创新研发力度；⑤开展认证试点示范；⑥建立认证评估机制；⑦推动认证结果采信；⑧深化国际交流合作

附录三 中物联绿色物流分会标准推进情况

标准类别	序号	项目名称	制/修订	状态	标准（计划）号
国家标准	1	逆向物流服务良好行为规范	制定	已发布	GB/T 42928—2023
	2	碳排放管理员国家职业标准（2023年版）	制定	已发布	4-09-07-04
	3	绿色产品评价 物流周转箱	制定	已发布	GB/T 43802—2024
	4	物流行业能源管理体系实施指南	制定	已发布	GB/T 44054—2024
	5	电子商务逆向物流通用服务规范	制定	已发布	GB/T 43290—2023
	6	物流企业能源计量器具配备和管理要求	制定	已立项	20220834-T-469
	7	物流园区数字化通用技术要求	制定	已发布	GB/T 44459—2024
行业标准	1	物流企业绿色物流评估指标	制定	已发布	WB/T 1134—2023
	2	物流企业温室气体排放核算与报告要求	制定	已发布	WB/T 1135—2023
	3	物流企业碳排放管理体系实施指南	制定	已立项	303-2022-003
团体标准	1	物流企业ESG评价指南	制定	已发布	T/SHWL000005—2023
	2	冷库低碳评价指标	制定	已立项	2022-TB-018
拟立项/修订标准	1	物流园区低碳运行管理规范	制定	拟立项	
	2	绿色物流服务指南	制定	拟立项	
	3	零碳仓库基本要求与评价规范	制定	拟立项	
	4	绿色产品评价 托盘	制定	拟立项	20242773-T-602
	5	绿色物流指标构成与核算方法	修订	拟修订	
	6	物流活动温室气体排放核算规范	制定	拟立项	